書文
脈話

徐兴无

/

著

凤凰出版社

序

这本小书是我写的所谓"书话",内容都是有关中国传统文化的,所以叫"书话文脉",写作的时间是 2023 年元月至 2024 年 5 月。之所以在一年半的时间里写了这些"书话",是因为我参加了"江苏文脉整理研究与传播工程"的工作,于是便和《现代快报》约定,以书话的名义开设一个漫谈中国传统文化的专栏,每篇先以该报的"江苏文脉"微信公众号推出,再见诸该报的"江苏文脉"专栏,连载了二十四篇,凑足一年二十四个节气,讨个吉利而已,现在汇编出版,算是零售加批发吧。

什么是"书话",人工智能可以告诉我们一大堆信息。但我还想说一些它不能告诉我们的东西,也让它学习学习。在我看来,"书话"并不是一种文体,而是一种写作行为。可以借书说话,也可以借话说书;可以说与书无关的话,也可以说与话无关的书,总之是书里书外找话说,就如同一只用书张网的蜘蛛,逮住什么就说什么，都是由文化现象和文化活动引发的詹詹小言或老生常谈，只是尽量将大道理浅着讲而已。既然担了"书话"的名义，所以不管说什么都要面目可憎地掉掉书袋，于是我在每一篇的书袋里刻意放几本江苏人写的书，给江苏文化带带货。

这次汇编，各篇的文字与插图都作了修订，并将原先专栏连载的次序作了调整。全书按照内容归类，分为四个主题：江山辽落、文脉与国运、感物联类、充实之谓美，大致上指向文化的空间、历史、意义和审美。篇名下的导语，也是连载时按照专栏的要求撰写的。文中涉及的江苏人物，尽管都是名人，但皆加以注释，以便读者有一整体印象。

感谢《现代快报》给我的机会，特别是负责专栏的白雁女士，她像一只啄木鸟，在我这些急就章里找出一个又一个的错字病句和不妥的表达；感谢广大读者朋友们的关爱，每期微信公众号推出后，他们或点赞或批评，还有些朋友给我提供了图片，惠我有加；感谢凤凰传媒总编辑徐海先生的推荐，感谢凤凰出版社吴葆勤社长和林日波总编的垂爱、孟清编辑的关照，让我这本不足十万字的小书占用了一个宝贵的书号。这一切都是因为写作带来的福报，我也只能将这些福报作为人生的鞭策了。

甲辰大暑于翠屏山

A16 江苏文脉

2023.1.19 星期四 责编：白雁 美编：江佳琪 组版：丁亚平 现代快报+

阮元与镇江人的书

□徐兴无

《江苏文库》精华编主编，南京大学教授 徐兴无

徐兴无 书|话|文|脉

2022年7月，江苏文脉大讲堂启动，邀请专家、学者深入13个设区市、公共图书馆、博物馆、高校、企业等，以市民讲座的形式传播江苏文脉整理与研究成果，传播优秀传统文化，受到广泛欢迎。2023年，江苏文脉大讲堂系列讲座将继续开展。与此同时，在报纸与江苏文脉官方微信公众号同步开设专栏，邀请专家、学者以通俗易懂的语言介绍江苏有史以来的典籍著作及其背后的人与事，在传统文化与读者之间搭建沟通的桥梁。专栏首个系列，邀请《江苏文库》精华编主编、南京大学教授徐兴无开设《书话文脉》。

导读

阮元是清代的大学者、封疆吏、帝王师。他和镇江人的三本书的故事，堪称江苏文脉的传奇。这里有沧桑的等待，有机缘的凑泊，也有世事的遭逢。正是依靠像他这般持守的人，千年文脉才得以如缕不绝。

陈中凡教授藏《阮芸台致汪喜孙函》

宋嘉定镇江志二十二卷元至顺镇江志二十一卷校勘记四卷 坿舆地纪胜镇江府一卷 道光壬寅仲夏丹徒包氏刊版

道光二十二年壬寅丹徒包氏刊本宋元《镇江志》书影

江苏文库·方志编·府县志 第101册《嘉定镇江志》

[宋]卢宪 纂 凤凰出版社 2021年01月

江苏文库·方志编·府县志 第101册至第102册《至顺镇江志》目录页

[元]脱因 修[元]俞希鲁 纂 凤凰出版社 2021年01月

清人梁章钜（1775–1849）《楹联续话》卷三《佳话》记阮元（1764–1849）书写楹联鼓励镇江盐商包氏出资刊刻宋元《镇江志》之事：

镇江有業鹾商，欲求阮芸台师书楹帖，师未许也，而業商愈欲得之。师令人语之曰："我有两部旧书，应归镇江人刊行。如肯成此美事，必书楹帖以报之。"業商首肯。师即日以七字联句奖之云："古籍待刊三十载；旧闻新见一千年。"跋云："嘉庆间，余得宋嘉定、元至顺《镇江府志》两部，皆《四库》未收之书。曾经进呈，得蒙恩鉴，因以原本贮之焦山书藏。三十余年，无过而问者。岁辛丑，丹徒包梧庄孝廉请付枣梨。镇江之书，归镇江人珍护，甚善。不惟归田老眼，尚见此书之成，乃知书之行世，及刊书之人，迟早皆有福命焉。因喜而记之。节性斋老人阮元撰并书，时年七十有八。"此书近已刻成一部，其一部亦已开雕矣。

梁氏所记趣闻轶事，不见清人张鉴等所编阮元年谱《雷塘庵主弟子记》。南宋嘉定和元至顺年间修撰的《镇江志》是中国古代方志珍本秘籍，阮元《校刻宋元镇江志序》（《揅经室再集》二集卷二）称两书为乾隆六十年宣城张燕所赠，嘉庆间进呈内府时校录两份副本，一份藏于阮元家中的文选楼，另一份藏于嘉庆十八年（1814）他在镇江创建的"焦山书藏"藏书楼（见《雷塘庵主弟子记》卷四），"以待有志者刊之。"阮元曾分别为两《志》作《提要》，收入其《四库未收书提要》，道光二年（1822）编入阮元《揅经室外集》卷一。丹徒盐商包氏刊刻之时为道光二十一年辛丑（1842），次年完工，距阮元校录两《志》已达三十载。南宋嘉定至清道光朝虽六百多年，然阮元《嘉定镇江志提要》曰："镇江自六朝以后，遂为重地，南渡以前之遗文坠典，如唐孙处元《图经》《祥符图经》《润州类集》《京口集》之类，世无传本，藉此以存崖略，零圭碎璧，尤可宝惜。"故以其中保存唐代地志文献而言，足当千年。刊刻之时，阮元又命门人刘文淇、刘毓崧父子"重加校正"，"详考全书体例及所征引各书，正其讹误，作为《校勘记》四卷附刻于后"，并代其撰写《校刻宋元镇江志序》。今此《序》并刘氏《宋元镇江志校勘记序》皆收于刘氏《青溪旧屋集》卷五。刘氏《校勘记序》记载阮元特命刘氏校勘不必因为自己《揅经室集》所收二《志》的《提要》文字在前，就"有所卑就，总期实事求是，不为凿空之谈。"其鼓励后学严谨治学，纠正前人谬误的态度于此可见一斑。

此则楹联佳话传播甚广，但其中深意尚可推考。阮元强调"镇江之书，归镇江人珍护"，并刻意向镇江盐商募资刻书，一则表达了他倡导地方有责任保护传播地方文献的主张，一则对当时镇江富人不热心刻书事业心存不满。此可旁证于他与镇江学人柳兴恩的轶事。南京大学中文系陈中凡教授（1888–1982）藏《阮芸台致汪喜孙函》一纸（《南京大学藏名人手迹选》，南京大学出版社，2012），中有云：

丹徒柳公《谷梁》学甚好，上冬过江来送此稿，看约有五、六本书。元为作《序》，大旨以为善于经，近于孔。现在柳公在扬已刻其前卷，大约刻资难集耳。镇江人钱甚多，而不肯助人刻书，此亦命也，即书亦有命也。

丹徒柳公即柳兴恩（1795–1880），字宾叔，号润江，道光十二年举人，生平见《清史稿·儒林传》等。著有《春秋谷梁大义述》，极为阮元称道，亲为作《镇江柳孝廉春秋谷梁传学序》，并延柳氏馆于家中。阮元在《序》中感慨自己编纂《皇清经解》一千五百卷，唯独未能收集清代有关《春秋谷梁传》的研究著作，"道光十六年，始闻有镇江柳氏学《谷梁》之事。二十年夏，柳氏兴恩挟其书渡江来，始得读之，余甚惜见之之晚也。亟属孔堂写定，授之梓人，与海内学者共之，是余老年之一快也。兴恩为余门生之门生，贫而好学，镇江实学敦行之士也。"（《揅经室再续集》一集卷一，按《皇清经解续编》本删去"兴恩"以下文字）。柳氏所编《雷塘庵主弟子记》卷八"道光二十年庚子"亦载阮元对自己的知遇之事："八月，公自订《揅经室再续集》，以《谷梁传学序》冠其首……丁未岁（道光二十七年），公延兴恩馆于家，为诸孙及外孙授经。"阮元得睹柳氏著作，阮《序》云在"二十年夏"，《致汪喜孙函》则云在"上冬"，此当是记忆有误差，但皆当在道光二十年，是年阮元七十七岁。恰恰在道光二十一年，柳氏的著作在扬州已刊刻前卷，但刻资筹集困难，难以为继。所以阮元既感叹"镇江人钱甚多，而不肯助人刻书"，又欣慰地看到镇江人终肯捐资刊刻"镇江之书"，可谓悲喜交集。

柳兴恩于元至顺《镇江志》的整理亦有贡献。阮元在《校刻宋元镇江府志序》中特别表彰了柳氏的考据之功："至顺《志》则不知出于谁手，适丹徒柳宾叔孝廉兴恩以书来告，谓检《镇江府志成化旧序》，知至顺《志》为俞希鲁所作。余按俞氏乃元末遗老，为金华宋濂所推，若非详撰此《志》，乌知俞氏之学精密若是？则刻书洵有功于古人也。"

现代国学大师、南京大学史学奠基人柳诒徵先生（1880–1956）《我的自述》云："我有一族祖宾叔公（柳兴恩），是我父亲的业师。他的年龄八十六岁，我生的第二年他才去世。"（柳曾符、柳佳编《劬堂学记》）据武黎嵩《柳兴恩与谷梁大义述》（《古籍研究》2012年第1期）一文考证，现存柳氏《谷梁大义述》只不过是其所撰百卷本《谷梁春秋通义》的长编大纲，在其生前的道光年间仅刻成一卷，现藏国家图书馆（按，此当即是阮元所云"在扬已刻其前卷"者），光绪间又有重刻，而百卷本《谷梁春秋通义》则毁于咸丰年间太平军攻打镇江之兵火。直至光绪十三年丁亥（1887），镇江学者陈庆年（1862–1929）整理柳氏《谷梁大义述》遗稿为三十卷，次年刻入江阴南菁书院本《皇清经解续编》之中，此时柳氏已去世七年。世运遭逢如此，岂非"书亦有命"耶？

2023年1月19日《现代快报》"书话文脉"专栏

目 录

　　江山、江湖既是长江自然风貌的状写，也是长江文化的两个关键词。江山往往指代国家、朝代等政治空间，而江湖则是自然、自由的世界。它们共同为长江赋予了意义。

　　江淮和运河，关系到隋唐以后历朝历代的国运兴衰，既是中国统一时代的经济文化命脉，又是中国分裂时期的积蓄复兴基础。韩愈"蔽遮江淮"一语，揭示了古代中国的立国战略。

江山辽落

江山与江湖

　　平生没有壮游过长江三峡，不过自三峡大坝建成之后，也只能套用太史公的话，"虽不能至，然心乡往之"了。2022年，中国启动了长江国家文化公园建设，宜昌市将屈原文化公园纳入建设项目并和中国社会科学院文学研究所等联合举办首届"屈原文化研究国际论坛"。我有幸受邀与会，其间巡礼了三峡大坝。一边是"潮平两岸阔"的高峡平湖，南岸凤凰山屈子祠尽在眼中；一边是"大江东去"，回旋奔腾于深谷峻岭。"江山留胜迹，我辈复登临"，人的心情也于此跌宕起伏。

　　此时此刻，我不禁想起了与长江相关的两个词："江山"与"江湖"。它们可能是定义长江文化最有内涵的词汇了，因为它们不仅是对长江自然风貌的准确概括，而且是中国历史文化不断铸造出来的概念。

屈子祠远眺三峡大坝

就自然而言，无论是"两岸猿声啼不住"的巴山蜀水，还是"青山隐隐水迢迢"的锦绣江南，青山伴随着大江东流入海，而云梦、洞庭、彭蠡、太湖等长江流域的大泽大沼点缀其间，朝云暮雨，气象万千。古人只是赞美"黄河之水天上来""源出昆仑中，长波接汉空"，而面对浩渺的长江，便直接视其为孕育万物的苍茫宇宙。在梁代昭明太子萧统①编写的中国第一部文学总集《文选》之中，收录了西晋郭璞的《江赋》，其中描写曾潭、灵湖等深广的江湖"察之无象，寻之无边。气滃渤以雾杳，时郁律

---

① 萧统（501—531），南兰陵（今江苏常州）人，南朝梁文学家。

湖北省荆门市郭店村一号
楚墓出土《太一生水》竹简

其如烟。类胚浑之未凝，象太极之构天"。唐代李善注道："言云气杳冥，似胚胎浑混，尚未凝结。又象太极之气，欲构天也。"宋代周弼《鄱阳湖》形容道："太极初分一物无，天水相包若鸡子。"天极、太极都是北极星座中的星宿，它们与水的关系，可能来自很古老的思想。《史记·天官书》说："中宫天极星，其一明者，太一常居也。"太一就是《楚辞·九歌》中祭祀的最高神灵"东皇太一"。汉代纬书《春秋文耀钩》说："中宫大帝，其精北极星，含元出气，流精生一也。"《礼含文嘉》说："招太极之清泉，以兴稼穑之根。"1993年湖北省荆门市郭店村战国楚墓出土了竹简《太一生水》，其中描述太一生成宇宙的过程："太一生水，水反辅太一，是以成天。天反辅太一，是以成地。"所以，"江湖"是一个很具哲学内涵的概念，是宇宙自然的象征。

就人文而言，大概传世的文献中，最早提及"江山"与"江湖"的就是《庄子》了。比如庄子建议惠子将五石之瓠做成大樽"浮乎江湖"（《逍遥游》），清代胡文英[①]《庄子独见》说这是庄子的"逍遥之具"。庄子又说"鱼相忘乎江湖，人相忘乎道术"（《大宗师》），"江湖"就是自然大道的代词。《庄子·外篇》中的《山木》讲了一则很有意味的故事，大意是说：鲁侯告诉市南宜僚，我努力按照先王之道治国，但还是难免忧患。市南子回答道："您去除忧患的方法不对。您看野外的大狐和文豹，昼伏夜行，警惕小心，即便饥渴，也远离人迹，'于江湖之上而求食焉'，就这样警惕也不能躲避网罗陷阱，它们有什么罪过？只是因为毛皮珍贵而招致灾祸。鲁国不就是您的毛皮吗？希望您抛弃形体的束缚，解放心灵，去掉欲念，游于无人的旷野。南越有个'建德之国'，那里的人民愚戆质朴，没有私心杂念；只知劳作，不知积蓄；只知付出，不求回报；放任本性，随心所欲，不知礼义，因此顺应了大道。他们活得快乐，死得安宁，我愿您离开国家，捐弃世俗，与大道相辅而行。"

鲁侯听了面有难色，说："那里道路遥远，又有江山险阻，我无舟车，奈何？"市南子说："您只要不矜持，不固执，自然有车马可乘。"

---

① 胡文英（1723—1790），江苏武进（今江苏常州）人，清代朴学家。

鲁侯又说："路途遥远又无人作伴，我没有粮食，怎能到达那里去？"市南子说："减少消费，节制欲望，没有粮食也能抵达。当您渡过大江，浮舟于海，一望无际，越走越远，不知所终，那些送您的人只能回返，您从此便远离了人群。所以拥有人民的人就会劳累，被人使唤的人就会忧患。我愿让您去除劳累忧患，独自归返大道，畅游于荡然无有之国。"

市南宜僚姓熊，可能是个住在鲁国的楚人。《左传》哀公十六年中说"市南有熊宜僚者，若得之可当五百人矣"。唐陆德明[①]《经典释文》曰："或作熊相宜僚。"鲁国是保守周礼的国家，诞生了儒家学派。市南子和鲁侯的对话，既是儒道辩论，也是南方文化对北方文化的反观。儒家的理想必须在家国天下之中才能实现。孔子周游列国的路上，受到长沮、桀溺两个隐士的讥讽，孔子却说："鸟兽不可与同群，吾非斯人之徒与而谁与？"(《论语·微子》) 但是在庄子的心中，远隔江山的南方江湖之上，生活着野兽和质朴的人民，他们的生存方式符合自然之道和人的本性。在庄子看来，所谓的礼义道德，不过是平衡利益冲突的产物，是对人性发展的制约，是对自然和自我的背离甚至戕害。

不过在现实的历史进程中，长江孕育的楚文化、吴文化、越文化都积极融入了以黄河流域为中心的华夏文明。《墨子》《荀子》等先秦诸子中定义的"春秋五霸"都是齐桓公、晋文公、楚庄

---

① 陆德明（550—630），吴县（今江苏苏州）人，唐代经学家、训诂学家。

王、吴王阖闾、越王勾践，以长江流域的霸主居多。另一方面，在南方称霸的过程中，华夏文明也赋予南方文化以新的内涵。

和长江一样，黄河也有山川之美。但在华夏文明中，黄河很早就被赋予政治与军事价值，成为国家的象征。比如西汉刘向[①]编辑的《战国策·魏策一》中记载魏武侯与诸大夫从龙门渡黄河，他感慨道："河山之险，岂不亦信固哉！"贾谊《过秦论》说秦国"宰割天下，分裂河山"。《汉书·高惠高后文功臣表》记载汉高祖分封诸侯，有所谓的"山河之誓"。随着中华统一格局的扩大，"江山"也被赋予了政治文化内涵，成为国家或政权的代称。《三国志·吴书·贺邵传》记载贺邵称孙权"创基南夏，割据江山"。江山还只是割据的政治空间，不能代表中国，因此钟会平蜀时的檄文中就有"江山之外，异政殊俗"之语（《三国志·魏书·钟会传》）。即便是东晋的南渡衣冠，也不改旧习。南朝宋刘义庆[②]所撰《世说新语·言语》记载了著名的"新亭对泣"之事：

> 过江诸人，每至美日，辄相邀新亭，藉卉饮宴。周侯（周颉）中坐而叹曰："风景不殊，正自有山河之异！"皆相视流泪。唯王丞相（王导）愀然变色曰："当共勠力王室，克复神州，何至作楚囚相对？"

---

① 刘向（约前77—前6），沛郡（今江苏沛县）人，西汉经学家、文献目录学家。

② 刘义庆（403—444），彭城（今江苏徐州）人，南朝宋文学家。

唐人据此撰写的《晋书·王导传》中，"山河"二字写作"江山"，因此有的学者认为唐人所见《世说新语》可能写作"江山"，这样更加贴近当时的场景。这可能是一种死于句下的理解。这些北方士大夫理应按照他们原来的话语习惯，用"山河"代指国家，何况他们此时感叹的正是故国的沉沦。其实我们只要读一下毛泽东的《沁园春·雪》，就知道状写"北国风光"时感叹"江山如此多娇"亦无不妥。

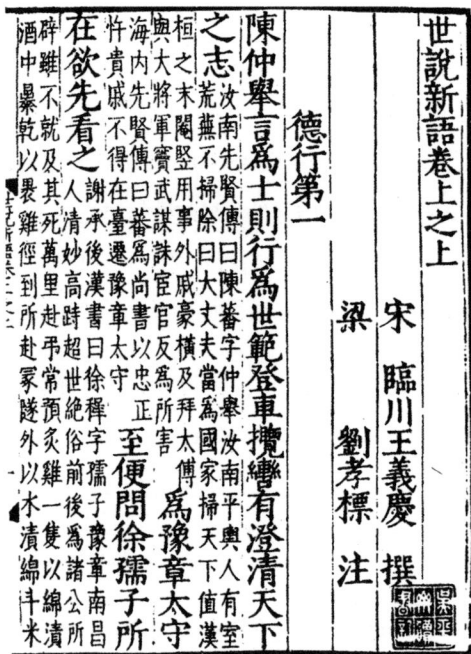

明袁氏嘉趣堂刊本《世说新语》书影

《世说新语·言语》中还记载了另一南渡士人袁宏与朋友们在江边道别时的感慨："江山辽落，居然有万里之势。"此语流露出北方士人对长江的赞美和在南方立国的信心。"江山信多美"（刘绘《入琵琶峡望积布矶》）之类的描写从此洋溢于诗文之中，以至于刘勰①《文心雕龙·物色》说："洞监风骚之情者，抑亦江山之助乎？"唐代统一之后，"江山"有时也能代指中国了，比如李益《临滹沱见蕃使列名》一诗曰："漠南春色到滹沱，边柳青青塞马多。万里江山今不闭，汉家频许郅支和。"这也是状写北方之景，却以"万里江山"指代大唐。

　　至于"江湖"，也被赋予丰富的文化内涵。无论是洞庭湖、还是鄱阳湖，都是渔樵问答、买酒赊月的地方，迁客骚人，多会于此。东晋陶渊明《归去来辞》曰："舟遥遥以轻飐，风飘飘而吹衣。"写出了归隐江湖的自由状态。唐代孟浩然《望洞庭湖赠张丞相》曰："欲济无舟楫，端居耻圣明。坐观垂钓者，徒有羡鱼情。"表达了江湖处士希冀出仕的无奈。李白《游洞庭》曰："且就洞庭赊月色，将船买酒白云边。"描写了诗人浪迹江湖的潇洒风姿。太湖是越国名臣范蠡变姓易名，"乘扁舟，浮于江湖"（《史记·货殖列传》），功成身隐的去处。李商隐《安定城楼》"永忆江湖归白发，欲回天地入扁舟"，也是如此的情怀。因此"江湖"始终是远离社会和政治的自由天地，是隐士、逐臣、

---

① 刘勰（约465—约532），世居京口（今江苏镇江），南朝梁文学理论批评家。

侠客、流浪者、卖艺者，甚至是盗匪们的生活空间。当然，儒家也能和道家一样，赋予江湖自家的精神。北宋庆历六年（1046），谪守巴陵郡的滕子京重修洞庭湖边的岳阳楼，请其好友范仲淹[①]写下千古名篇《岳阳楼记》，其中抒发了儒家的道德情怀：

> 不以物喜，不以己悲，居庙堂之高则忧其民，处江湖之远则忧其君。是进亦忧，退亦忧。然则何时而乐耶？其必曰"先天下之忧而忧，后天下之乐而乐"乎！噫！微斯人，吾谁与归？

"江山"和"江湖"引发人们对长江产生无尽的遐思神往与羡慕赞美，因为长江不仅是大自然创造的奇迹，也是中华民族的家园和文化实践的产物。长江文化的丰富性，于此可见一斑。

---

① 范仲淹（989—1052），吴县（今江苏苏州）人，北宋政治家、文学家。

遮蔽江淮，全半天下

　　我一直居住在"杏花春雨"的江南，年近花甲才被朋友们召唤到"铁马秋风"的塞外。时值六月下旬，江南已进入湿热的梅雨季节，而内蒙古乌拉盖草原却是烈日之下凉风习习，无边无际的绿草碧水和蓝天白云之间，牛羊星布，骏马奔腾，令人心胸开阔，精神振奋。行至可汗山，遥望山顶矗立着成吉思汗和忽必烈的巨型雕塑，于是想起忽必烈诏谕将士攻打南宋的话："秋高马肥，水陆分道而进。"（《元史·世祖纪一》）中统二年（1261）元世祖忽必烈兴师问罪，因为他的议和使臣、大儒郝经已被南宋稽留在长江北岸的真州（今江苏仪征），一个运河入江口的重镇。不过他还是等到至元十一年（1274）的六月才下诏灭宋。宋人被迫礼送郝经返回，次年抵达大都，疾病而亡。临终无遗言，仅书"天风海涛"四字，似乎在预言南北议和无望，必经天地巨变。次年元灭宋。

内蒙古自治区霍林郭勒市可汗山成吉思汗和忽必烈雕像

　　郝经的老师是金代文学家元好问和南宋理学家赵复，他们都是蒙古南征的俘虏。蒙古请他们讲学，为北方培养了一批人才。忽必烈在潜邸做皇太弟时就慕名召见过郝经。郝经上《立国规模》二十多条，阐述"亲亲而仁民，仁民而爱物"之义，希望忽必烈成为一个华夏王朝的君主。此后又随忽必烈南下征宋，任江淮、荆湖南北等路宣抚使。元宪宗蒙哥病逝，郝经上《班师议》，力劝忽必烈罢兵议和，北还蒙古，夺取汗位。中统元年（1260）忽必烈即位，派郝经使宋，"告即位，且定和议"（《元史·郝经传》）。无奈宋有权臣贾似道专政，不欲议和；元有王文统嫉妒郝经，擅自侵宋，破坏议和，遂使郝经被拘真州忠勇军营达十六年之久。

在郝经的《陵川集》中，有一组名为"述拟"的文章，是他在真州拘禁期间与随员苟宗道讨论诗文杂著时，追忆编辑自己以古人口吻拟写的诏命檄文等文章，其中有一篇《赠张巡扬州大都督制》，拟写唐肃宗至德二载（757）十二月追赠安史之乱中战死报国的张巡、许远大都督并立庙祭祀的制诏。文中评述二人之

明正德二年刊本《陵川集》书影

　　　　江山辽落

功，有"遮蔽江淮，全半天下"之语。此语出自韩愈之文，只是将"蔽遮"写成"遮蔽"而已。

唐玄宗天宝十四载（755），大唐帝国还是花好月圆，平卢、范阳、河东节度使安禄山起兵反叛，唐玄宗逃蜀，肃宗即位。安禄山死，其部将、范阳节度使史思明又叛，至唐代宗宝应二年（763），历时八年多的安史之乱方告平定，但大唐盛世不再，进入了藩镇割据时期。当安禄山的叛军所向披靡之时，却在睢阳（今河南商丘）遇到张巡、许远的顽强阻击。肃宗至德二载（757）正月，安禄山已被其子安庆绪刺杀，安庆绪命部将尹子奇为河南节度使，率兵十三万南下，河南唯有睢阳坚守不降。当安禄山叛变之时，真源县令张巡就招募豪杰，练兵拒贼，进入雍丘守卫。尹子奇围城，张巡以雍丘城小难守，率兵退入睢阳与太守许远汇合并主持守城军事。张巡智勇双全，与叛军苦斗不已，兵不足万人，却击杀敌寇十多万，亲自射瞎尹子奇一目。肃宗壮之，授主客郎中兼御史中丞。清代学者赵翼[1]《陔余丛考》将此战列入"古来用兵，兵多者败"之条，曰："古来用兵，往往兵多者败。盖兵过多，则号令不齐，气势不贯，必不能有臂指相使之用。且为将者，有恃众之意，而谋多疏。为兵者亦有恃众之心，而战不力。……尹子奇兵十三万，张巡、许远以六千八百人败

---

[1]　赵翼（1727—1814），江苏阳湖（今江苏常州）人，清代史学家、文学家。

之。"然而围困十月，城中粮尽，兵民易子而食，析骸而爨，张巡至杀其女眷为军粮，其惨烈程度令后人闻之易容。后因临淮守将贺兰进明拒绝援助，城陷被执。张巡詈贼被害，许远执送洛阳后遇害。正史中为张巡、许远等立传的有后晋刘昫等撰《旧唐书》和北宋欧阳修、宋祁等撰《新唐书》，皆列入《忠义传》中。

睢阳的坚守，对于平叛至为重要，因为睢阳是江淮的保障，睢阳之战不仅牵制叛军数十万，而且使唐军得到江淮粮食物资的支撑，遂能收复两京。肃宗下诏追赠张巡扬州大都督、许远荆州大都督，立庙睢阳，岁时致祭。但当时却有人非议张巡杀人为食之事，其友人、左补阙李翰撰《进张巡中丞传表》揭示春秋大义，表彰其功：

> 若无巡，则无睢阳。无睢阳，则无江淮。贼若因江淮之资，兵弥广，财弥积，根结盘据，西向以拒王师，虽终于歼夷，而旷日持久。

韩愈读了李翰所作《张巡传》，感慨不已，又访其轶事，作《张中丞传后叙》。他在文中斥责小人谤议，对张巡、许远再加褒扬：

> 二公之贤，其讲之精矣！守一城，捍天下，以千百就尽之卒，战百万日滋之师，蔽遮江淮，沮遏其势，天下之不亡，其谁之功也！

清人沈德潜 [①] 称赞《张中丞传后叙》"争光日月，气薄云汉，文至此，可云不朽"（《唐宋八大家文读本》）。文中"蔽遮江淮"一语形容夸张，气势宏大，多为后人引征袭用。赵翼《廿二史札记》"新书（《新唐书》）好用韩柳文"条曰："凡韩柳文可入史者，必采摭不遗。《张巡传》则用韩愈文。"因此，《新唐书》的《张巡传》较《旧唐书》的详赡生动了许多，其中就以"蔽遮江淮，沮贼势，天下不亡，其功也"作为评语。

蔽遮江淮，不仅保证了安史之乱的平定，而且维持了唐朝此后一百六十多年的国运。史学家陈寅恪先生《唐代政治史述论稿》认为："唐代自安史乱后，长安政权之得以继续维持，除文化势力外，仅恃东南八道财赋之供给。"抗战时期，全汉昇先生受此启发，撰写了现代史学名著《唐宋帝国与运河》（重庆商务印书馆 1944 年初版），指出睢阳是隋唐运河的重镇，张巡守城的战略意义在于"无形中给后来运河的复航奠定一个稳固的基础"。

唐亡后，藩镇往往立国，江淮间主要为南唐所有。宋代以运河枢纽汴京为都城，"四方所凑，天下之枢，可以临制四海"（《宋史·河渠志》）。面对北方和西方的辽、金、西夏，北宋更加依靠东南的财赋支撑国家。金人南下，宋人的防守战略也是"蔽遮江淮"四个字。《宋史·韩世忠传》载韩世忠屯军山阳（今淮

---

① 沈德潜（1673—1769），长洲（今江苏苏州）人，清代诗人。

安），备战北伐。但秦桧与金人议和，命韩世忠南驻镇江。韩世忠不从，说："金人诡诈，恐以计缓我师，乞留此军蔽遮江淮。"宋李心传《建炎以来系年要录》载建炎四年（1130），金人急攻楚州（今淮安），赵立拒守楚州四十多日，城陷战死。"立以其军蔽遮江淮，故敌师亦困弊而止。议者谓立之功，虽张巡、许远不能过。"可惜北宋惩唐代藩镇割据之弊，罢除节度使，裁撤州县武备。宋真宗咸平三年（1000），王禹偁就已上言江淮诸州三大患："城池堕圮，一也；兵仗不完，二也；军不服习，三也。"（《宋史·王禹偁传》）由于朝廷专制而不任地方自治，大乱临头之时，地方无力捍御，也就无法蔽遮江淮。

明太祖也以江淮为立国之基。《明史·韩林儿传》认为元末群雄之中，韩林儿是朱元璋的先驱，为朱元璋经营帝业创造了历史机遇："林儿横据中原，纵兵蹂躏，蔽遮江淮十有余年。太祖得以从容缔造者，借其力焉。"清代学者顾祖禹[1]的历史地理名著《读史方舆纪要》讨论明代南直隶形势，分析了江淮对于中国的意义：

> 人亦有言：欲固东南者必争江、汉，欲规中原者必得淮、泗。有江、汉而无淮、泗，国必弱；有淮、泗而无江、汉之上游，国必危。……明初规画畿辅，跨江逾淮，幅员最

---

[1] 顾祖禹（1631—1692），江苏无锡人（生于常熟，顾自署为常熟人），明末清初历史地理学家。

　　　　江山辽落

广，夫亦保江者不在江南，保淮者不在淮南之意乎？盖彭城、邳、泗，北连青、齐，西道梁、宋，与中原形援相及，呼吸相闻，自古及今要会之处也。圣人举动，一日而周百世之防，一方而通天下之势，其以此矣。至于江、淮之间，五方之所聚也，百货之所集也，田畴沃衍之利，山川薮泽之富，远近不能及也。

清钞本《读史方舆纪要》陶濬宣题记

然而明朝与宋朝一样，在内忧外患之际也没有能够"蔽遮江淮"。顾炎武[1]在《日知录》"藩镇"条中，将明朝的灭亡原因与宋朝作了类比：国朝（明）之患，大略与宋同。在于无藩镇。"呜呼！人徒见艺祖（宋太祖）罢节度为宋百年之利，而不知夺州县之兵与财，其害至于数百年而未已也。陆士衡所谓'一夫从横，而城池自夷'，岂非崇祯末年之事乎?"因此，"蔽遮江淮"是古代中国的大战略，绝非易事，除了决胜于疆场，还要有政治制度的保障。

郝经是一个由金入元的儒生，他的故国也亡于蒙古。他十多岁时，金朝就已放弃中都（燕京），南迁开封，同样上演过坚守睢阳的剧本，张巡因此再一次进入历史叙事。清代毕沅[2]编著的《续资治通鉴》记载南宋绍定五年（1232，金天兴元年，蒙古太宗四年），蒙古将领特穆尔岱攻打睢州，金行院实嘉纽勒欢等竭力守御。城中父老说北门之西的菜圃里常常发现古炮，"是唐张巡所埋"。发掘之后竟得到五千多件，"城中赖之"。当然，中国的火炮大概出现在南宋，张巡的炮可能是抛石机之类的武器。

至此，我们可以推知拘执于仪真宋营中的郝经拟写《赠张巡扬州大都督制》的心境，此时他所代表的大元已不再是南侵的掠夺者，而是谋求统一王朝的政权；他的心胸也不再局限于一朝一

---

[1]　顾炎武（1613—1682），昆山（今属江苏）人，明清之际思想家、学者。
[2]　毕沅（1730—1797），江苏镇洋（今江苏太仓）人，清代学者、文学家。

代或一家一国，所谓"遮蔽江淮，全半天下"，既是赞颂张巡、许远的历史功绩，也是以天下的格局看待历史的意义。无论议和还是征伐，历史赋予华夏一统的内在精神，应该是保全天下的道德理想。

魂兮归来哀江南

癸卯年仲春将尽，某日乘坐高铁去济南，经过黄淮平原，窗外望见绿野麦田中散落着一些新坟旧茔，有的上面已经升起祭扫的香火和招魂的灵幡，这才意识到临近清明了。

想想中国的二十四节气，还只有清明节是个公共节假日。《唐会要》记载唐玄宗开元二十四年（736）二月十一日敕曰："寒食清明，四日为假。"所以算是一个起源于太平盛世的节假日了。此时人们踏青、赏花、饮酒、放风筝、扫墓，它和所谓的"鬼节"不同，是一个生者与逝者共同的节日，其实还是人和异类生命相遇的节日。唐人写清明的诗，最为传诵的就是杜牧的那首"清明时节雨纷纷，路上行人欲断魂。借问酒家何处有，牧童遥指杏花村"。诗中写的自是江南景色，那时杜牧正在池州（今安徽贵池）刺史任上。冯梦龙[①]《警世通言》中的小说《白娘子永

---

① 冯梦龙（1574—1646），长洲（今江苏苏州）人，明代文学家、戏曲家。

镇雷峰塔》引用这首诗并演绎了一个江南的传奇：

> 话说宋高宗南渡，绍兴年间……许宣在铺内做买卖，只见一个和尚来到门首，打个问讯道："贫僧是保叔塔寺内僧，前日已送馒头并卷子在宅上。今清明节近，追修祖宗，望小乙官到寺烧香，勿误！"许宣道："小子准来。"……次日早起，买了纸马、蜡烛、经幡、钱垛一应等项……径到保叔塔寺。寻见送馒头的和尚，忏悔过疏头……别了和尚，离寺迤逦闲走……正是清明时节，少不得天公应时，催花雨下，那阵雨下得绵绵不绝。许宣见脚下湿，脱下了新鞋袜，走出四圣观来寻船，不见一只。正没摆布处，只见一个老儿摇着一只船过来。许宣暗喜，认时正是张阿公，叫道："张阿公，搭我则个！"老儿听得叫，认时，原来是许小乙，将船摇近岸来，道："小乙官，着了雨，不知要何处上岸？"许宣道："涌金门上岸。"这老儿扶许宣下船，离了岸，摇近丰乐楼来。摇不上十数丈水面，只见岸上有人叫道："公公，搭船则个！"许宣看时，是一个妇人……

如此，冯梦龙就将许宣的"断魂"时日，安排在南宋杭州城中某一个清明节的雨中。小商人许宣见到一位"如花似玉"，穿着白色孝服，自称刚去雷峰岭上给亡夫扫墓的白姓寡妇。可惜冯梦龙并不懂爱情，只是要警幻人生，不要迷恋美色。因而这个"色即

是空，空即是色"的故事便由杭州保叔塔的寺僧引起，再由镇江
金山寺的法海禅师了断，将白蛇精收入钵盂。许宣还帮着化缘买
砖造塔，出家为僧，将自己的这段"孽缘"永远地埋葬。

陕西凤翔民间版画《游湖借伞》

"魂"多与"魄"并举连称，是中国人特有的关于精神现象
的文化观念。这两个字都有个"鬼"字旁，令人想到逝者们。清
代学者段玉裁①《说文解字注》解释这两个字时认为："按魂魄皆
生而有之，而字皆从鬼者，魂魄不离形质而非形质也。形质亡

而魂魄存，是人所归也，故从鬼。"由此可见，古人认为魂与魄都是伴随人类生命始终的气，生时存在于人的形质之中，死后可以离开形质，仍然存在于天地之中，是人类真正的归宿。认识到这一点，生与死、人与我也就是一个整体了，朱子和他的弟子讨论鬼神时就说："俗语中骂鬼云：'你是已死我，我是未死你。'"（《朱子语类》）

西汉淮南王刘安[①]的《淮南子》里说："天气为魂，地气为魄。"天地之气互动诞生了生命中的精气，精气激荡产生神气，魂魄出入往来于其中。《黄帝内经·灵枢》说："天之在我者德也，地之在我者气也，德流气薄而生也。故生之来谓之精，两精相搏谓之神，随神往来谓之魂，并精出入者谓之魄。"魂魄的气性也不同。魄居于肺，为阴沉之气，魂居于肝，为阳动之气，所以人死之后，"魂气归于天，形魄归于地"（《礼记·郊特牲》）。《黄帝内经·素问》说："肺者，气之本，魄之处也。其华在毛，其充在皮，为阳中之少阴，通于秋气。""肝者，罢极之本，魂之居也；其华在爪，其充在筋，以生血气，其味酸，其色苍，此为阴中之少阳，通于春气。"阳动的魂产生于阴静的魄，因而其灵性也比魄略胜一筹，所以在《楚辞》中被称为"灵魂"。唐代孔颖达《左传正义》"鲁昭公七年"说："人之生也，始变化为形，

---

① 刘安（前179—前122），沛郡丰（今江苏丰县）人，西汉思想家、文学家。

形之灵者名之为魄也。既生魄矣，魄内自有阳气，气之神者，名之曰魂也。""魂魄虽俱是性灵，但魄识少而魂识多。"常言道"魂飞魄散"，它们不仅会离开死人的身体，也会离开活人的身体，产生精神错乱。《韩非子·解老》说："魂魄去而精神乱。"因此，古人便使用招魂的法术或者工具将他们呼唤回来。可是为何只有"招魂"之说而无"招魄"之语呢？大概古人认为魂是游荡的气，而且比魄更具意识，能够辨别呼唤之声。

人死后举行的招魂仪式，礼书中叫作"复"。儒家经典《仪礼·士丧礼》中说，死者断气后，招魂者就带着死者生前的礼服，登上东面的屋翼，在屋脊上向北招魂，大声呼喊死者的名字，接连三次，将衣服从屋前扔下，下面的人接住后盖到死者身上。接下来便对灵魂和尸体开始一系列繁缛的丧葬礼仪。招魂的言辞和仪式并不复杂，但是用礼服招魂，说明这种文化十分看重人的社会身份。不过，在另一种文化中的招魂仪式，表现出对人的不同理解，这便是《楚辞》中的《招魂》和《大招》，也是中国文学中的招魂。东汉王逸《楚辞章句》认为都是招唤生者之魂：宋玉见到老师屈原"忠而斥弃，愁懑山泽，魂魄放佚，厥命将落"，于是作《招魂》，"欲以复其精神，延其年寿，外陈四方之恶，内崇楚国之美，以讽谏怀王"。《大招》则是屈原自作，他在流放时期"忧思烦乱，精神越散，与形离别，恐命将终，所行不遂，故愤然大招其魂，盛称楚国之乐"，"以达己志"。不过南宋洪兴祖[①]《楚辞补注》认为《大招》并非屈原自作。两篇招魂的文辞风格不同，但结构和内容都差不多。首先铺陈四方凶险，恐吓灵魂，劝其回家。再请灵魂进入彩缕缠绕的笼络，带回美丽的都城，享受"楚国之美"和"楚国之乐"。用刘勰《文心雕龙》的文字来概括，就是"士女杂坐，乱而不分，指以为乐，娱酒不废，沉湎日夜，举以为欢"。尽管宋玉和屈原写作《招魂》旨在

清乾隆《钦定补绘离骚全图·招魂》插图

---

① 洪兴祖（1090—1155），镇江丹阳（今属江苏）人，宋代学者。

表达对楚国的赞美和被谗见逐的离忧，但其文辞可能源自南方楚文化中的祝祷巫辞。铺陈华丽的祷语，以极度的感官享乐来取悦魂魄，说明这种文化十分看重人的自然本性和情感，这大概是浪漫文学的根源。

汉朝是楚人建立的王朝，吴、楚之地的诸侯王和中央的许多文学侍从们继承了楚文化中的辞赋传统，"文辞并发，故世传'楚辞'"（《汉书·地理志》）。因此，在汉人那里，诵读辞赋也是招魂的法术。萧统的《文选》选有吴王刘濞的门客枚乘[1]写的汉朝第一篇大赋《七发》，中云"吴客"前往楚国探问楚太子的疾病。这位太子"精神越渫，百病咸生。聪明眩曜，悦怒不平"，正是一位需要招魂的人。于是枚乘向楚太子侈陈声色、饮食、车马、田猎之乐，均无效果。最后他问太子想不想听听儒道名墨等诸子的"要言妙道"，"于是太子据几而起，曰：'涣乎若一听圣人辩士之言。'涊然汗出，霍然病已"。2009年北京大学收藏的汉简中，有一篇题为《反淫》的赋作，写魂子给魄子看病，与《七发》有异曲同工之妙。《汉书》中又记载汉元帝为太子时，因为心爱的宫女死了，"体不安，苦忽忽善忘，不乐"。宣帝使命文学侍从刘向、王褒等人去太子宫里，"朝夕诵读奇文及所自造作"来"虞（娱）侍太子"，让太子愉快起来。如果综观《楚辞》和

---

[1] 枚乘（？—前140），淮阴人，西汉辞赋家。

儒家经典中的招魂旨趣，恰恰是中国传统文化对人的理解：自然的人和社会的人合而为一。

清任熊《屈子像》

《楚辞》中的《招魂》也与江南的春天有关。当巫术的祝祷结束之后，诗人出现了，唱道："献岁发春兮汩吾南征。"他感伤生命的短暂和对故国的眷恋，呼唤自己的灵魂归来：

> 朱明承夜兮时不可淹。皋兰被径兮斯路渐。湛湛江水兮上有枫，目极千里兮伤春心。魂兮归来哀江南。

江南的春天就是这样一个让人感受生命的季节，也是一个招魂的季节。在这个季节，我们呼唤着逝去的人们、异类的生命和我们自己一起归来。

帝陵迷踪

虽说三国时孙权称帝，定都建业，开启了南京的都城历史，但在传统史学中，东吴没有统一过中国，不具备正统地位。南京作为正统王朝的首都，始自东晋定都建康。中国古代史书的书写风格往往是魔幻现实主义的，即使是正史也会借助谶语预言将历史神秘化，就像做菜时用些秘制的调料，让人读后仿佛进入神话传奇的世界。《晋书·元帝纪》中说秦始皇时望气者预言"五百年后金陵有天子气"，于是秦始皇东游镇压，改金陵为秣陵，挖断北山（紫金山）的地脉。孙权称帝时，还没到五百年，而晋元帝渡江，时值五百二十六年，应验了谶言的整数。从历史文化的发展脉络看，东晋也是具有开辟性的，钱穆先生《国史大纲》认为："东晋南渡，长江流域遂正式代表着传统的中国。"

2023 年的 9 月，我有幸一睹南京大学博物馆"帝陵迷踪——南京大学北园东晋墓特展"的预展。1972 年南京大学鼓楼校区挖掘防空洞时，发现了这个高等级的大墓，其中文物越半个世纪得以展陈，让我们的神思如旧时之燕，飞回王谢堂前。由于没有墓志，墓主的身份不明，但其墓葬规制和出土文物确有些帝王气象。唐代许嵩所撰《建康实录》是一部志在保存六朝古迹，史料丰富的典籍，其中说：

> 晋十一帝，有十陵，元、明、成、哀四陵在鸡笼山之阳，阴葬不起坟。康、简文、武、安、恭五陵在钟山之阳，亦不起坟。惟孝宗一陵在幕府山，起坟也。

鼓楼校区正在鸡笼山附近，因而考古学界有人主张此墓或是四帝之陵中的一座。

帝陵迷踪——南京大学北园东晋大墓特展

为何东晋十一帝中，元帝和他的长子明帝司马绍、长孙成帝司马衍、曾孙哀帝司马丕葬于一处呢？这可能是他们祖孙四人构成了所谓的"中兴正统"。"中兴"指中兴晋室。西晋八王之乱，加之北方游牧民族崛起，北方士族和吏民纷纷南渡。晋惠帝太安年间，童谣就传说"五马浮渡江，一马化为龙"。怀帝永嘉元年（307），司马懿的曾孙、琅邪王司马睿与西阳王、汝南王、南顿王、彭城王相继渡江，镇守建康，经过十一年的经营，他得到南北士族的拥护。直到愍帝被匈奴刘聪所杀，司马睿于建武二年（318）即位称帝，是为晋元帝。《晋书·荀崧传》记载元帝崩时，群臣议庙号为中宗，因为殷商的太戊和西汉的宣帝都因中兴之功而被谥为中宗。权臣王敦派人叫停，而仆射荀崧坚持原议，称赞元帝"天纵圣哲，光启中兴。德泽侔于太戊，功惠迈于汉宣"。《晋书·元帝本纪》说元帝在洛阳出生时，有神光出现，一室尽明，床上垫的干草变得和刚割下来的一样新鲜。这个故事是中兴汉室的光武帝刘秀诞生神话的翻版。《东观汉记》记载刘秀诞生时，"有赤光，室中尽明"，"是岁嘉禾生，一茎九穗，大于凡禾，县界大丰熟，因名上曰秀"。神光照室是天子降生的神异，嘉禾出生与干草复活意味着王朝的复兴。

"正统"是宗法礼制中的嫡长系统。明帝、成帝是元帝的长子、长孙，可是成帝传位弟弟康帝司马岳，康帝传其子穆帝司马聃。穆帝死后，皇太后又立成帝的长子、琅邪王司马丕为帝，说他是"中兴正统"。《资治通鉴》说："元帝、明帝、成帝皆正统相传。琅邪王丕，成帝长子也，故曰中兴正统。""正统"的说法也是借用了汉代的故事。《汉书·郊祀志》说汉宣帝即位，"由武帝正统兴"，因为汉宣帝是汉武帝的长曾孙。汉武帝晚年大兴巫蛊之狱，杀了长子卫太子和长孙史皇孙，传位幼子昭帝。但昭帝早死，权臣霍光立昌邑王，未正式即位便将他废为海昏侯，只能从民间找回汉宣帝。不过晋元帝的出身是接不上晋室正统的。他的祖父琅邪武王司马伷是晋高祖宣帝司马懿的第三子，父亲琅邪恭王司马觐是晋武帝司马炎的堂兄。所以元帝只能将自己的统绪接在晋武帝之后，但武帝子孙中的惠、怀二帝是元帝的兄弟辈，愍帝是元帝的子侄辈，事实上他是继兄子为君的。古人对此也有神秘之说。《建康实录》中说元帝的祖父原为东莞王，晋武帝咸宁元年，大风把太社里的树吹折了，有青气冲天。占卜的说东莞（今山东莒县）有帝王气，于是晋武帝便将东莞王移封为琅邪王，不料第二年元帝就降生了。后来武帝的子孙无子遗，元帝继统，都是应验。元帝倒是明白自己出身外藩，名不正言不顺，因此在礼制上特别谦卑。即位后，为避愍帝司马业的名讳，改建业为建康。大兴三年（320）下诏说，我虽然是上继世祖（晋武帝），但做过怀帝、愍帝的臣子，所以在太庙祭祀他们时，要亲自行礼。顾炎武在《日知录》中评价此诏"得《春秋》之意"，因为《春秋公羊传》（成公十五年）中说"为人后者为之子也"。

但是元帝也会昏聩到想废长立幼，差点自毁正统的地步。《世说新语·方正》记载他登基之后宠爱郑后，就想立其所生的少子。大臣都反对，只有刁协阿谀附和。元帝怕大臣不奉旨意，便让人将两个带头的重臣尚书仆射周颢和丞相王导先叫进宫里控制起来，再将诏书交给刁协宣颁。两人进宫后，元帝派使者请两人到东厢休息。周颢没觉悟，便跟着去了，王导却拨开使者，直冲到元帝的御床前，问他为何召见。元帝知道王导识破了自己的计谋，"默然无言，乃探怀中黄纸诏裂掷之。由此皇储始定"。周颢慨然愧叹："我常自言胜茂弘（王导），今始知不如也！"郑后是个寡妇，依靠舅舅吴氏生活。元帝的虞皇后死后，原打算娶吴氏的女儿，正好郑后与吴氏之女在游园，反被元帝看中。她为元帝生下登基后的第一位皇子，也就是后来东晋的太宗简文帝司马昱。《世说新语·排调》记载简文帝出生时，元帝很高兴，普赐群臣。可是殷洪乔（羡）不知趣，谦谢道："皇子诞育，普天同庆。臣无勋焉，而猥颁厚赉。"中宗笑曰："此事岂可使卿有勋邪？"《世说新语》就是这样一部能够抓住历史瞬间，写出丰富人性的经典。清代学者钱曾[①]《读书敏求记》评价此书："撮略一代人物于清言之中，使千载而下如闻謦欬，如睹须眉。"

元帝的身世也是一个谜。《建康实录》记载魏明帝时张掖郡

---

① 钱曾（1629—1701），江苏常熟人，清代藏书家、文献学家。

有个川谷发生泥石流，流出一块石头，上面画着牛跟在马的后面，东面是麒麟，南面是凤凰，西面是白虎，八卦分布，占卜的预言说"牛继马后"。因此司马懿当政后一直提防姓牛的人，竟然用设有机关的酒杯装了毒酒，鸩杀了自己的大将军牛金。可是他没能解除这个预言。他的孙子、琅邪恭王司马觐有个妃子叫夏侯氏，她和小吏牛氏私通，生下了元帝，这才应验了这个预言。

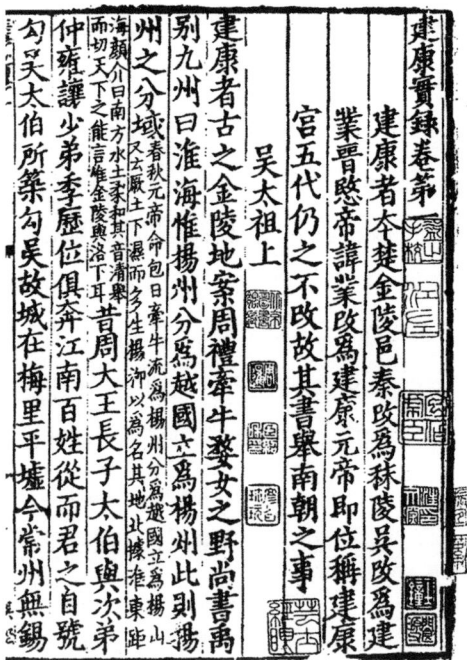

南宋绍兴十八年刊本《建康实录》书影

夏侯氏后来被元帝尊为皇太妃，她的小名叫"铜镮"，当时有谶言说"铜马入海建业期"，就应在她和儿子身上。不过历史学家劳榦先生的《魏晋南北朝史》认为这个"牛继马后"的预言实不可信，也可以解读为刘裕代晋的谶言。劳榦先生随史语所赴台湾之前生活在南京，他大概是知道南京人将"牛"读作"刘"的。

东晋大墓展中最耀眼的文物要数四片金珰，一片为蝉纹，一片为方形兽面纹，两片为山形仙人骑龙纹。据说其他两晋十六国墓中也有发现，只有此墓和南京江宁东晋墓多达四片。这是镂空金片缀以金珠或玉珠的冠饰，带有西域的工艺风格，汉晋以来装

东晋大墓出土金珰

饰于帝王或公卿大夫的冠前，一如我们的帽徽，从古代帝王画像亦可得见。黄金永恒而高贵的色泽，让我们想起晋元帝的威仪，可能正是这些代表华夏正统文化的衣冠和徽章，征服了南方的士族。《晋书·王导传》说元帝初到建康时，"吴人不附，居月余，士庶莫有至者"，王导便与王敦谋划提升元帝的威望：

> 会三月上巳，帝亲观禊，乘肩舆，具威仪，（王）敦、导及诸名胜皆骑从。吴人纪瞻、顾荣皆江南之望，窃觇之，见其如此，咸惊惧，乃相率拜于道左。

除了展示中原王朝的文化风采和政治威仪，王导还亲自造访贺循、顾荣等南方士族的代表，请他们出来做官，"由是吴会风靡，百姓归心焉。自此之后，渐相崇奉，君臣之礼始定"。所以，晋元帝只是一块政治招牌，如果没有得力的大臣和南北统治阶层的合作，很难创立东晋的王业。赵翼《廿二史札记》"东晋多幼主"条认为，晋南渡后，唯有元帝四十二岁登基，简文帝五十一岁登基，其他都是幼弱之主。"然东晋犹能享国八九十年，则犹赖大臣辅相之力。明帝、成帝时，有王导、庾亮、郗鉴等；康帝、穆帝，有褚裒、庾冰、蔡谟、王彪之等；孝武时，有谢安、谢玄、桓冲等。主虽屡弱，臣尚公忠，是以国脉得以屡延。"王导是晋元帝的管仲，他在内掌朝政，努力笼络吴人，为东晋的立国打下社会基础。堂兄王敦在外治军，抵御北方，平定动乱。人们都说

"王与马，共天下"，但王敦骄奢自大，终至叛乱。王导忠于晋室，保有南方的社会安定，受到后世的推崇。1956 年，陈寅恪先生撰写《述东晋王导之功业》，文末写道：

> 王导之笼络江东士族，统一内部，结合南人北人两种实力，以抵抗外侮，民族因得以独立，文化因得以续延，不谓民族之功臣，似非平情之论也。

> 寅恪草此文时，距寓庐不远，适发见一晋墓（墓在广州河南敦和乡客村），其砖铭曰：

> 永嘉世，天下灾。但江南，皆康平。

> 永嘉世，九州空。余吴土，盛且丰。

> 永嘉世，九州荒。余广州，平且康。

> 呜呼！当永嘉之世，九州空荒，但仅存江南吴土尚得称康平丰盛者，是谁之力欤？

帝陵石麒麟

南宋杨万里有诗曰："六朝陵墓今安在?"其实他只要费点腿脚，还是能找到不少的。暮春三月，细雨绵绵。南京大学文学院童岭、魏宜辉两位老师组织学生们去丹阳考察齐梁帝陵，我已经三十多年没去这些地方了，于是带着师友会的同学加入了征程。日本汉学家川合康三教授正好来讲学，他是研究唐诗的名家，彼国明治维新时的汉诗诗人大沼枕山有句云"一种风流吾最爱，六朝人物晚唐诗"，所以他也兴致盎然地去了。

东晋时，丹阳一带属南兰陵郡，是山东兰陵（今山东临沂）士族与民众南下侨居之地，齐、梁两朝的帝王俱出于郡中萧氏家族，因而帝陵也聚集于此。按照齐梁时代送葬和谒陵的路线，我们途中经过句容的破岗渎，旧日繁忙水道，已成断渠池沼，唯有一遗址碑在。东汉建安十六年（211），孙权将东吴的政治中心由京口（今镇江）迁至秣陵（今南京），次年更名建业。赤乌八年

（245），派校尉陈勋发屯田兵三万，开凿破岗渎。这个运河工程不仅关系到六朝的帝业，而且关系到隋唐的统一，可谓开辟鸿蒙的壮举。历史学家、南京大学教授朱偰先生在其《中国运河史料选辑》中，分析破岗渎的价值至为精到：

　　破岗渎沟通建康和太湖流域，航道直通苏州、绍兴。第一，建康因为和太湖流域直接通航，交通运输发展，成为南朝的首都。第二，六朝的时候，既可由破岗渎直达吴、会，所以方山以上，遂成交通要道，齐、梁二代，陵寝都在丹

句容市破岗渎遗址碑

　　　　江山辽落

阳，王公大人，要到丹阳去谒陵，都坐船由方山出发；但是从方山以东，岗岭相属，所以有十四埭以节水流。第三，这条运河的东段（从丹阳到苏州、绍兴），实为隋代江南运河的起源，关系大运河的历史尤为重要。

齐梁的几座帝陵湮没于林间或麦地，雨中的新绿衬托着灰黑色的石兽。由于立了文物保护碑，加了白色护栏，没有了草埋苔染的荒败，但自然的新生与历史的陈迹还是形成沧桑的图景。魏晋南北朝的帝陵规模上不及秦汉，下不如唐宋明清，算得上是俭葬了。东汉陈琳《为袁绍檄豫州》中列数曹军发冢盗财之罪："操率将校吏士，亲临发掘，破棺裸尸，略取金宝，至令圣朝流涕，士民伤怀。又署发丘中郎将、摸金校尉，所过隳突，无骸不露。"这篇檄文被萧统收在《文选》之中。曹操下葬高陵之后，儿子魏文帝曹丕是个明白人，他代汉之后，便以"古不墓祭"为由，将高陵的祭殿毁去，还对自己的寿陵建造下了制诏，规定："因山为体，无为封树，无立寝殿，造园邑，通神道。夫葬也者，藏也，欲人之不得见也。"因为"自古及今，未有不亡之国，亦无不掘之墓也"（《三国志·魏书·文帝纪》）。这篇制诏的精神基本上被六朝的帝陵继承下来，只是没有"欲人之不得见"，还是通了神道。南朝的帝陵还在神道两侧排列了些石兽、神道柱和石碑之类的纪念物，现今存者多为石兽。

梁文帝萧顺之建陵石兽（独角麒麟）和神道石柱

　　大概秦始皇造陵时就有石兽，东晋道教学者葛洪[①]的《西京杂记》记载西汉长安五柞官"有石骐骤二枚，刊其胁为文字，是秦始皇骊山墓上物也，头高一丈三尺"。按照朱偰先生《建康兰陵六朝陵墓图考》的说法，南朝帝陵的石兽，一角者为麒麟，双角者为天禄，王侯墓前是无角的辟邪。但它们的名称尚有争议，渊源亦不可确考，古人往往统称这些石兽为"石麒麟"或"石辟邪"。就外形直观而言，南朝的陵墓石兽都是体侧有翼的神兽。帝陵的麒麟、天禄挺胸迈步，曲颈昂首，向天而吼，或左右顾

_____

① 葛洪（约281—341），丹阳句容（今属江苏）人，东晋道教理论家、医学家。

盼，颏下的长须拖延至胸前，盘尾如蟒，形体婀娜，纹饰华丽。而诸侯墓的辟邪则伸出长舌拖至胸前，如吼天怒狮，巨尾弯曲，体态雄浑厚重。

六朝是一个审美自觉和艺术发展的时代，这些石兽都是南朝精美的雕刻，齐梁画家谢赫《古画品录》所云"气韵生动"堪当评语。南朝人也视其为通灵宝物。《陈书·徐陵传》记载诗人、文学家徐陵①幼时见到高僧宝志，宝志手摩其顶，曰："天上石麒麟也。"昭明太子萧统早卒，弟弟萧纲被立为太子，徐陵成为太子东宫的学士，他编纂的诗集《玉台新咏》是中国第一部女性题材的诗歌总集。

建陵、修陵、庄陵是梁文帝萧顺之、武帝萧衍、简文帝萧纲祖孙三代的陵墓，由南向北一线排列。梁武帝建立梁朝后便追尊父亲为文帝，并为他修造建陵。建陵的石兽似乎仍是齐朝帝陵石兽的风格，而修陵仅存的一只双角石兽则呈现出头大脖粗腿短的体貌，日本学者曾布川宽《六朝帝陵》中认为是吸取了狮子的造型，可能与梁武帝信仰佛教有关。庄陵仅存一只前半截身子的独角石兽，其比例与风格当与修陵一样，特别是面部，修陵与庄陵的石兽更为写实，眉眼开张，鼻骨和上颌前突，不似齐朝帝陵的石兽，鼻骨短平，眼睛两侧被半圆形的寿眉遮盖，仅留两只眼珠并列额上，造型更为写意夸张。

---

① 徐陵（507—583），东海郯（今山东郯城北）人，南朝陈文学家。

梁武帝萧衍修陵石兽（双角天禄）

梁简文帝萧纲陵石兽（独角麒麟）

江山辽落

梁代帝陵的石兽是有灵异故事的。《梁书·武帝纪下》曰：

> 中大同元年（546）春正月丁未，曲阿县建陵隧口石骐
> 骜动，有大蛇斗隧中，其一被伤奔走。

这件事在《隋书·五行志》中有了更加怪异的记载：

> 梁大同十二年（546），曲阿建陵隧口石骐骜动。木沴金
> 也，动者，迁移之象。天戒若曰：园陵无主，石骐将为人所
> 徙也。后竟国亡。

不是因为蛇斗，而是建陵的石麒麟自己挪动了起来。同年，建陵
还发生过一起石兽异常现象，《隋书·五行志》载：

> 梁大同十二年正月，送辟邪二于建陵。左双角者至陵所。
> 右独角者，将引，于车上振跃者三，车两辕俱折。因换车。
> 未至陵二里，又跃者三，每一振则车侧人莫不耸奋，去地
> 三四尺，车轮陷入土三寸。木沴金也。刘向曰："失众心，令
> 不行，言不从，以乱金气也。石为阴，臣象也。臣将为变之
> 应。"梁武暮年，不以政事为意，君臣唯讲佛经、谈玄而已。
> 朝纲紊乱，令不行，言不从之咎也。其后果致侯景之乱。

这一年，梁武帝已经八十三岁，还在给父陵增加石兽。但这个石
兽自己跃跳着不愿上车了。建陵石兽的异常是父亲在警示儿子

吗？石麒麟非金非木，为什么象征着"木沴金"呢？原来《尚书》中的《洪范》篇记载箕子给周武王讲了一套五行思想，西汉的《尚书》经师夏侯胜撰作《洪范五行传》，将其与阴阳五行学说融合成一套讲灾异的政治预警术，后来刘向、刘歆父子都写过《洪范五行传论》之类的著作，归纳史例，解说原理，班固作《汉书》，综合他们的学说创设了《五行志》。此处所引刘向之言，当是其《洪范五行传论》中的文字。按照这套理论，帝王的"貌、言、视、听、思五事"，分别配以木、金、火、水、土。五行的正常状态应该是金克木，但如果木反过来沴（伤害）金，就象征帝王"言之不从"，预示着臣下要作乱了。太清二年（548），东魏叛将侯景作乱，将梁武帝囚禁台城直至饿死。太清三年，侯景立萧纲为帝，两年后便将这个倡导宫体诗的文学家杀了。侯景之乱不仅摧毁了梁朝，也摧毁了东晋以来的帝业。陈寅恪先生说："梁末之乱，为永嘉南渡后的一大结局。南朝士族在经过数百年腐化之后，于梁末被全部消灭。"（《陈寅恪魏晋南北朝史讲演录》）

南朝士族的数百年腐化表现在许多方面，如空谈、佞佛、奢侈、无耻等，其中帝王的表现堪称典型。顾炎武《日知录》"南北风化之失"条曰："江南之士，轻薄奢淫，梁、陈诸帝之遗风也。"赵翼《廿二史札记》"宋齐多荒主"条说："古来荒乱之君，何代蔑有？然未有如江左宋、齐两朝之多者。"宋武帝的儿子宋少帝刘义符在宫苑里开凿了一条破岗渎，与左右引船唱呼，以为欢乐。刘宋的前后两位废帝都是荒淫残暴、性情猖戾、草菅人命的人。萧齐武帝萧赜倒是刚毅有断，他也痛恨腐朽的生活。《南齐书·武帝纪》说他"为治总大体，以富国为先。颇不喜游宴、雕绮之事，言常恨之，未能顿遣"。临崩又下诏务存节俭，但已不能挽救颓风。他的太子早薨，皇太孙郁林王萧昭业即位后淫乱宫闱，迷信巫术，巧取豪夺，喜怒无常，还跑到他父亲的陵隧之中"与群小共作诸鄙亵，掷涂赌跳，放鹰走狗"。终于被西昌侯萧鸾杀死。齐明帝萧鸾以皇族的庶出旁支篡位，明审有吏才，生活也俭朴。但他猜忌多虑，喜欢杀人，迷信道术。每次出行，都要占卜。南出则宣布西行，东游则宣布北幸。不过比起他儿子东昏侯萧宝卷，明帝还不算荒乱。萧宝卷做太子时就不喜欢学习，通宵达旦地抓老鼠。做了皇帝后不喜欢和大臣议政，而是和群小游乐，经常戎服外出，骑马射雉，骚扰百姓，抢夺民间财物，使得"郊郭四民皆废业，樵苏路断，吉凶失时"。他兴造宫苑，壁上描绘男女私亵之像，还在宫中开设市肆玩起了做买卖的游戏，一直放纵到被人杀死。梁武帝是有为之君，三十九岁开国，执政长达四十九年，史臣评价他治定功成，"自魏晋以降，未或有焉"，但是他晚年"委事群幸"，让朱异等小人擅权专政（《梁书》）。司马光《资治通鉴》记载侯景包围台城时发布告城中军民书，历数朝政昏乱，士大夫生活腐朽："梁自近岁以来，权幸用事，割剥齐民，以供嗜欲。如曰不然，公等试观：今日国家池苑，王公第宅，僧尼寺塔；及在位庶僚，姬姜百室，仆从数千，不耕不织，锦衣玉食；不夺百姓，从何得之。"司马光于此评曰："景书及此，（朱）异等其何辞以对！"

历史总是有很多遗憾，六朝的风流并没有被雨打风吹去，而是消歇于轻薄奢淫的风俗和玉树后庭花的歌吟。这些气韵生动的石麒麟，每一只都向天张口，仿佛在发出千年的哀叹。

齐宣帝萧承之永安陵石兽（独角麒麟）

文脉与国运

何谓文脉

"文脉"是当下谈论历史文化或是文化传统的流行词语，守护、赓续中华文脉已经成为时代的强音，在这个意义上，文化已被视为一个民族的血脉、根脉、魂脉，彰显的是文化的原生动力和精神内涵。如果我们对"文脉"作一番梳理，就会发现这是一个中国古代文化自觉的产物和不断建构的历史观念。

古人视血管与经络为一体，称之为"脉"，作为人体内的气血通道，最早写成"衇"或"脈"，后人俗写为"脉"。按照《说文解字》的说法，"衇"指的是"血理分衺行体者"。在篆字中，"辰"即"永"字的反写。"永"字"象水坙理之长"，"坙"是纺织物中纵向的经线，所以"永"表示水的长流主干，而"辰"则是"水之衺流别也"。"衺"即"邪"，指主流中邪出的分流或分派。按中医的定义，人体中纵向的主脉叫经脉，横向的支脉叫络脉，合称为"经络"。清代学者段玉裁《说文解字注》曰："邪行体中，而大候在寸口。人手却十分动脉为寸口也。"人体内各支血脉情况，都可以在手腕处的"寸口"（寸、关、尺）把脉诊候，所以叫作"大候"。由此可见"文脉"一词源自血脉、动脉、经络，生动地形容出文化的生命力、切身性与精神性。

"文"与"脉"的结合来自文学批评，中国人很早就用脉理来形容文章的理路，比如南朝梁代的文学理论家刘勰在《文心雕龙·章句篇》中指出，文章的辞句要做到"外文绮交，内义脉注"，意为文采交织，文意贯通，所以后人也用文脉指代文意。清代学者刘熙载[①]《艺概·文概》引述《孙子兵法》比喻作文之理，曰：

> "兵形象水"，文脉亦然。水之发源、波澜、归宿，所以示文之始、中、终，不已备乎？

不过，用"文脉"来形容文化传统或文学传统，大概是从宋人开始的。比如南宋词人刘克庄写过一首《满江红·和王实之韵送郑伯昌》，中云："千百年传吾辈话，二三子系斯文脉。"意为自己和志同道合的朋友们担当着道德文章的统绪。再如南宋大臣、朱子的后学徐元杰《吕伯恭赞》曰："搜经微妙，发圣精华。文脉两汉，气盖百家。"吕伯恭即南宋著名理学家吕祖谦，徐元

---

① 刘熙载（1813—1881），江苏兴化人，清代文学家。

杰称赞他的道学能发明六经与圣人的微妙和精华，他的文章根脉于两汉，文气则超越百家。

　　古文与道学是宋代文化的重要成就，宋人特别重视文道关系，主张"文以载道"或"文以明道"，将文章与儒家道统融合起来，赋予文学以道德文化的价值与理想，而南宋失去了华夏中原的政治地理中心，偏安东南，因此南宋的士大夫们激发出了强

元刊本《中州集》书影

烈的文化自觉，以持守文化正统和道德价值为己任，将"文脉"与"道统"相提并论。南宋大臣家铉翁在《题中州诗集后》中写下这样一段话：

> 迨夫宇县中分，南北异壤，而论道统之所自来，必曰宗于某；言文脉之所从出，必曰派于某。又莫非盛时人物，范模宪度之所流衍。故壤地有南北，而人物无南北，道统文脉无南北。虽在万里外，皆中州也。况于在中州者乎？

《中州集》全名《翰苑英华中州集》或《中州鼓吹翰苑英华集》，是金代文学家元好问编纂的金代诗集，收入两百多位诗人的两千多首诗作，以金朝的政治中心中州（河南）为名，借诗歌以存一代之史。元好问编纂《中州集》时，金朝已被蒙古所灭，而家铉翁题跋之时，也被扣押于元朝，不久南宋灭亡。他和元好问一样，失去了自己的家国，但他从《中州集》中看到的，却是天下人共同的文化统绪和精神命脉，无论是道统、文脉还是承担统脉的人物，皆无南北之分，《中州集》只是其中的典型而已。他称赞元好问的心胸：

> 盛矣哉！元子之为此名也。广矣哉！元子之用心也。夫生于中原而视九州四海之人物，犹吾同国之人；生于数十百年后而视数十百年前人物，犹吾生并世之人。

南北可以分裂，朝代可以更迭，但道统文脉一以贯之，构成了坚实的文化价值和道德理想，任何国家和朝代的存在意义，正在于它能否维持、发展文化统绪和精神命脉，在这个意义上，文脉即国脉。南宋大臣吴潜的《魏鹤山文集后序》，对南宋的道统与文章有如下的评说："渡江以来，文脉与国脉同其寿。"他认为南宋立国之后，高宗表彰司马光的《资治通鉴》、孝宗表彰《苏东坡文集》，对文化和政教风气产生了良好的影响，"于是人文大兴，上足以接庆历、元祐之盛，至乾、淳间，大儒辈出"，"凡仁义之要，道德之奥，性理之精微，所以明天理而正人心，立人极而扶世教，使天下晓然知人之所以异于禽兽，吾道之所以异于佛老，圣经贤传之务息邪说，有君臣有父子而不蚀其纲常之正者，功用弘矣"。他所说的文脉就是唐宋新儒家不断建构出来的道统。

"文脉"也是文学批评的观念或范畴，指文学的传统或流别。元初诗人黄庚《月屋漫稿序》曰：

> 诗盛于唐，唐之诗脉自杜少陵而降，诗以科目而弊，极于五代之陋。文盛于宋，宋之文脉，自欧阳诸公而降，文以科目而弊，极于南渡之末年。以科目而为诗则穷于诗，以科目而为文则穷于文矣！良可叹哉！

古代科举刺激了文学创作，但文学也因此沦为仕进的工具，背离了文脉自身的发展目标，产生了流弊。明代嘉靖年间的举人王文禄著有《文脉》三卷，"杂论古今之文，谓文章一脉相传，故曰《文脉》"（《四库全书总目》）。他的文脉概念具有医学知识背景。卷一《文脉总论》曰："一元清明之气，昪于心，以时泄宣，名之曰文。……譬荣卫焉，包络于心也。是谓之脉，未尝绝也。""荣卫"即身体中的精气。东晋葛洪《抱朴子内篇·道意》曰："若乃精灵困于烦扰，荣卫消于役用，煎熬形气，刻削天和。"因为医家认为水谷化成的精气，分为荣（营）气和卫气，

明万历《百陵学山》（"百部丛书集成"）刊本《文脉》书影

分别周行于血脉的内外，养护人的身体，不可损耗。在王文禄看来，文脉与血脉一样，都发自人心中的"一元清明之气"，而周流环绕着人心。他对文道关系的看法可能又受到王阳明心学的影响：

> 岂曰某文道，某文非道？夫脉以贯道，道原于心……心
> 不亡，则脉不亡；脉不亡，则文脉不亡。

心脉与文脉本为一体，道发生于其中，存在于其中，心是道与文的根本，因此文与道只是一体两名，不可分离，他的文道关系论可谓别出心裁。

在很多场合，"文脉"还表示一个地区或城市的文教传统，而且与风水观念密切关联。比如南宋学者王应麟《昌国州重建大成殿记》写到昌国州（今浙江舟山）诸生要求重建孔庙大成殿，说此殿位于芙蓉洲西，"挹秀涵清，气势闳伟，俊人魁士，含章挺生，道原文脉，实系兹殿"。再如清代贺长龄编辑的《皇清经世文编》，收录清代张九钺《重修豫章沟议》，阐论兴修豫章（今南昌）水利的好处，其中有一条说："沟关阖省文脉，胜国（指明朝）正德（明武宗）以前沟通时，鼎元宰辅最盛，占塞后遂少。今脉络疏通，譬人精神振复，文运必昌。"方志文献中也有此类记载，以示重视地方文教传统。比如清代嘉庆《扬州府志》"山川志"记载"市河"的历史，抄录明代张宪为方志作的

《序》，其中说到明代疏通市河之后，"公私称便，遐迩腾欢，风水既复，文脉亦畅，科第人才，衰然颖出"。现今扬州市内的文昌阁、古运河边的文峰塔等名胜古迹，皆在市河沿线，都是古人营造风水、培植文脉的举措。《管子·水地篇》曰："水者，地之血气，如筋脉之通流者也。"所以水脉畅，则文脉畅，古人所谓"钟灵毓秀"，正是此意，即以科学观念审视，风水学说中重视人文与生态和谐发展的理念仍是值得我们借鉴的。

扬州文昌阁，始建于明万历十三年（1585）

作为文教传统意义上的"文脉"不仅可以指地方文化，也可以指家族文化中的读书与科举传统。南宋词人文及翁给他的友人姚勉《雪坡集》作序，称其子已有功名出仕，"振家声而接文脉"。元代学者吴师道《吴氏家述》记其祖父教导之言："今梦寐犹不离场屋间，殆习气欤？抑时运承平，科且复欤？不然，谨身饬行，犹不失为善士，尔其毋忘学也。"又记其父之言："不可使文脉由吾冢嗣而绝。"在吴氏家族的心中，承平之世，教导儿孙读书应试；离乱之世，也要教导儿孙读书，独善其身，无论穷达，都要持守家族的文脉。当然，世俗之人更多地将科第当作文脉。冯梦龙编了一本《古今谭概》，也叫《古今笑史》，中有《微词部》讥讽世态曰："封公便请乡饮，富家便举善人，中解元、会元便推文脉。末世通弊，贤者不免，悲夫！"当官就要大摆宴席炫耀一番，发财致富就会被选举为善人，中了科第就要编造家族文脉，贤人也不能免俗，真是庸陋不堪。

总之，经过南宋以来文人学者们的阐发，"文脉"成为中华文化传统或精神传统的代名词，被不断地建构、运用，其意涵也得以不断地丰富。同样，我们的文化实践也一定会赋予"文脉"以新的意涵。

诸子百家和国际政治

1863 年，美国长老会传教士、同文馆总教习丁韪良（W.A.P.Martin，1827—1916）奉清政府之命译出美国驻欧洲外交官亨利·惠顿（Henry Wheaton，1785—1848）撰写的《国际法原理》（*Elements of International Law*），次年定名为《万国公法》刊行（丁韪良《花甲忆记——一位美国传教士眼中的晚清帝国》）。这是中国官方出版的第一部国际法著作。不过中国人也有自家的国际观。在此之前的 1844 年，徐继畬编纂的世界历史地理书籍《瀛环志略》就说"欧罗巴情势，颇类战国"。1866 年，徐氏出任总理同文馆事务大臣，重刻此书。他的朋友张斯桂给中译本《万国公法》作序，将中国比作春秋时的周天子，秦、楚、晋、齐诸霸主分别为俄罗斯、英国、法国和美国。这种比附的方法，成为晚清士人思考、分析国际关系时的通行思路与话语模式。比如江苏的几位近代新学代表人物中，冯桂芬[①]《校邠庐抗议》云："今海外诸夷，一春秋时之列国也。"王韬[②]《弢园文录外编》曰："欧洲诸国之在今日，其犹春秋时之列国，战国时之七雄也。"薛福成[③]《出使英法义比四国日记》称："大小相维，强弱相制，联盟相约，莫能相并，今日欧洲之形势，与昔日中国之相衡，其犹春秋战国之间乎?"《万国公法》刊行后，清政府终于在

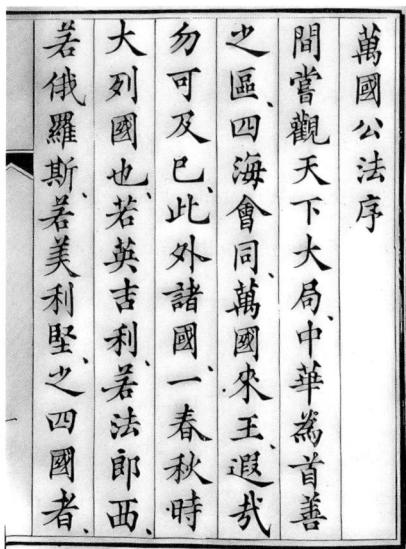

《万国公法》书影

① 冯桂芬（1809—1874），吴县（今江苏苏州）人，清末思想家。
② 王韬（1828—1897），长洲（今江苏苏州）人，清末报人、政论家。
③ 薛福成（1838—1894），江苏无锡人，清末外交官、政论家。

1867 年（同治六年）向欧美派出了使臣团。

大概受到中国士人的影响，1881 年 9 月，丁韪良在柏林举行的东方学者大会上宣读了论文《中国古世公法论略》，他向欧洲介绍说，中国在秦汉统一之前，也如古希腊一样诸国散处，但他们都遵守天子之法，一如欧洲的中世纪，制度文教皆出自罗马教皇。可惜中国古代的公法没有纂述成书，"今所传者，惟散见于孔孟之书、诸子百家之说，以及稗官野史之所记。而《周礼》一书，犹足以资考证"。他认为中国人之所以能够理解并接受国际法，正是因为中国历史上有着相似的历史经验与文化观念。这篇文章由当时的同文馆高材生、译书纂修官汪凤藻①译成中文刊行。

尽管晚清士人以古喻今、以中况外的国际政治观念是一种解释与宣传的策略，但诸子百家们对国际或天下的政治不乏阐论，至今学界都在研究，因为其中确有值得借鉴之处。

孔子作为诸子时代的开创者，也是第一个周游列国的思想家。春秋时代有一百多个国家，他认为必须共同遵守周礼，反对霸权："天下有道，则礼乐征伐自天子出；天下无道，则礼乐征伐自诸侯出。"（《论语·季氏》）但是孔子已经生活在一个霸主的时代，礼崩乐坏，周天子已无威信和能力为各国提供保障，国际

---

① 汪凤藻（1851—1918），江苏元和（今江苏苏州）人，清朝驻日钦使。

关系成了大国与小国的争斗，所谓"弑君三十六，亡国五十二，诸侯奔走不得保其社稷者不可胜数"（《史记·太史公自序》）。《左传》中说："小国之事大国也，德，则其人也；不德，则其鹿也。铤而走险，急何能择。"（文公十七年）朝秦暮楚的小国一方面顺从大国以自保，一方面也会自卫反击。如果大国以仁德加于己，就以人道与大国和睦相处，反之则如禽鹿那样履险盲动。因此孔子也很实际，主张大国霸主有责任维持国际间的和平。他肯定管仲和齐桓公的霸业："管仲相桓公，霸诸侯，一匡天下，民到于今受其赐。微管仲，吾其被发左衽矣。""桓公九合诸侯，不以兵车，管仲之力也。如其仁！如其仁！"（《论语·宪问》）但他更主张大国扶持弱小国家："兴灭国，继绝世，举逸民，天下之民归心焉。"（《论语·尧曰》）清人刘宝楠[①]《论语正义》认为"灭国"是指"无罪之国"，西汉刘向认为"兴灭国"是殷高宗武丁思先王之政而采取的措施（《说苑·君道》）。不过孔子对他国发生的暴力政变，也主张国际干预。齐国的陈成子弑简公。"孔子沐浴而朝，告于哀公曰：'陈恒弑其君，请讨之。'"（《论语·宪问》）孔子作《春秋》，其实就是制定国际法，所以孟子说："《春秋》，天子之事也。""孔子成《春秋》而乱臣贼子惧。"（《孟子·滕文公下》）

---

① 刘宝楠（1791—1855），江苏宝应人，清代学者。

孔子墓

文脉与国运

战国时代的兼并攻伐更为剧烈，道德与文明沦丧殆尽。顾炎武《日知录》"周末风俗"指出，自《左传》之终（鲁哀公二十七年）至《资治通鉴》之始（周显王三十五年），"凡一百三十三年，史文阙轶"，而文化也发生了巨变。"春秋时犹尊礼重信，而七国则绝不言礼与信矣。春秋时犹宗周王，而七国则绝不言王矣。""春秋时犹有赴告策书，而七国则无有矣。邦无定

赖大國之義得君臣父子相保也願獻九鼎不識大
率曰大王勿憂臣請東解之顏率至齊謂齊王曰周
思將以救周而秦兵罷齊將求九鼎周君又患之顏
厚寶也願大王圖之齊王大悅發師五萬人使陳臣
盡計與秦不若歸之大國夫存危國美名也得九鼎
欲與兵臨周而求九鼎周之君臣內自盡劉曾集作畫錢作
於齊顏率至齊謂齊王王續齊宣曰夫秦之為無道也
云力出切後語注字或顏率曰大王勿憂臣請東借救
續周顯王後語　而求九鼎周君患之以告顏率
秦興師臨周　續周顯顯王後語
東周　　高誘注
戰國策卷第一

〈戰國策一

清士礼居景宋本《战国策》书影

交，士无定主。"而这正是平民布衣之士苏秦、张仪之辈的纵横家在外交上大显身手的时代。刘向《战国策序》说战国是一个黑暗的时代，"上无天子，下无方伯；力功争强，胜者为右；兵革不休，诈伪并起。当此之时，虽有道德，不得施设"，"故孟子、孙卿儒术之士，弃捐于世，而游说权谋之徒，见贵于俗。是以苏秦、张仪、公孙衍、陈轸、（苏）代、（苏）厉之属，生从（纵）横短长之说，左右倾侧"。不过他也欣赏纵横家们平衡外交与止战和平的能力，"天下不交兵者，二十有九年"，"皆高才秀士，度时君之所能行，出奇策异智，转危为安，运亡为存"。

尽管纵横家给中国历史上留下丰富的外交智慧，但多是权衡利害的谋略，不能成为国际政治的根本法则和价值理想。他们自己也说："仁义者，自完之道也，非进取之术也。"（《战国策·燕策一》）所以当纵横家景春对孟子夸耀"公孙衍、张仪岂不诚大丈夫哉？一怒而诸侯惧，安居而天下熄"时，孟子不屑地反驳道："是焉得为大丈夫乎？"只不过是"以顺为正"的"妾妇之道"罢了（《孟子·滕文公下》）。清人焦循①《孟子正义》认为纵横家不能以义匡君，故而孟子斥为妾妇之顺。齐宣王曾经询问孟子外交原则："交邻国有道乎？"孟子向他揭示了两条："惟仁者为能以大事小""惟智者为能以小事大"（《孟子·梁惠王下》）。

---

① 焦循（1763—1820），江苏甘泉（今江苏扬州）人，清代思想家、数学家、戏曲理论家。

不久燕国大乱，民望拯救，齐宣王乘机伐燕。他对孟子说："不取必有天殃，取之何如？"孟子建议"取之而燕民悦，则取之"，"取之而燕民不悦，则勿取"。可是齐宣王并没有吊民伐罪，而是侵夺残民。于是诸侯们联兵救燕。齐宣王又问计于孟子。孟子说："天下固畏齐之强也，今又倍地（侵占土地）而不行仁政，是动天下之兵也。王速出令，反（还）其旄倪（老人与小孩），止其重器（宗庙宝器），谋于燕众，置君而后去之，则犹可及止也。"宣王还是听不进去，燕人奋起反击，打败齐军。齐宣王悔道："吾甚惭于孟子！"而失望的孟子从此离开了齐国（《孟子·公孙丑下》）。

邹城孟庙牌坊

道家对人类的文明持消极看法。他们的政治理想是"小国寡民","邻国相望，鸡犬之声相闻，民至老死，不相往来"(《老子》八十章)。这只能是桃花源里的世界。现实中的老子主张大国小国谦和相处。"大邦者下流，天下之交，天下之牝。牝常以静胜牡，以静为下。故大邦以下小邦，则取小邦；小邦以下大邦，则取大邦。故或下以取，或下而取。大邦不过欲兼畜人，小邦不过欲入事人。夫两者各得所欲，大者宜为下。"(《老子》六十一章)大国要如江河的下游那样才能聚合天下，雌柔静定胜过雄强挑衅。大国谦下就能包容小国，小国谦卑就能依附于大国，各自实现自己的生存与发展目标，但是大国更应该谦下。

法家主张积极变革进取，强调富国强兵，知晓攻守形势。所谓"凡战法必本于政"(《商君书·战法》)、"四战之国贵守战，负海之国贵攻战"(《商君书·兵守》)，他们的国际原则就是以强兼弱，加快郡县制度的统一进程。与之相反，墨家是激进的和平主义者。他们认为大小国家一律平等，"今天下无大小国，皆天之邑也"。人类的兼爱互利是天的意志，"天必欲人之相爱相利，而不欲人之相恶相贼也"(《墨子·法仪》)。因此墨家反对一切战争，提出"非攻"的思想；反对大国以任何借口攻打小国，主张国际联合援助弱小国家。"大国之不义也，则同忧之；大国之攻小国也，则同救之。"(《墨子·非攻下》)墨家为反战止战而呼号奔走。"公输般为楚造云梯之械成，将以攻宋。子墨子闻之，起于齐，行十日十夜而至于郢"，与公输般进行了沙盘推演，以工兵的技巧击破了公输般的攻城方略。《墨子》书共七十一篇，其中自《公输》至《杂守》十二篇都是讲守城备战之术的，与《孙子兵法》专讲攻取之术形成了鲜明对比。

总之，道义、平等、和平、责任、谦让、仁爱、智慧、谋略、进取构成了诸子百家国际政治思想的主要原则和价值。当近代中国走向世界之时，这些古老的思想被激发出来，成为重新理解世界的历史文化资源。甲午战败后，中国士人深知一个遵守国际法的积弱之国仍然不能屹立于世界，于是维新变法的领导者如梁启超提出了中国的国际法："西人果鲁士西亚、虎哥皆以布衣而著万国公法，天下遵之，今孔子之作《春秋》，乃万世公法也。"（《读〈春秋〉界说》）"故吾愿发明西人法律之学，以文明我中国；又愿发明吾圣人法律之学，以文明我地球。"（《论中国宜讲求法律之学》）

秦火之后的齐鲁学者

2023 年立秋之后，我去山东邹平市参加第六届国际《尚书》学学术大会。其间，邹平市政府、国际《尚书》学会以及伏生后人在韩店镇苏家村伏生祠遗址举行了公祭伏生的典礼。伏生的事迹见载于《史记·儒林列传》，他是秦始皇的博士，冒着秦朝的挟书禁令，藏《尚书》于屋壁之中。汉定之后，流亡归来的伏生只在壁中找到二十九篇。汉文帝时，朝廷访求能治《尚书》的人，而伏生年已九十，于是太常派文学掌故晁错往济南受教。太史公作《孔子世家》说："余读孔氏书，想见其为人。适鲁，观仲尼庙堂车服礼器，诸生以时习礼其家，余只回留之不能去云。"看来读书与观礼皆不能少，可惜这座清代的伏生祠只剩下基础与残垣，虽经修葺立像，也只能让我们想见古人如何"习礼"了。

山东省邹平市韩店镇苏家村伏生墓

秦始皇焚书坑儒，是中国文化史上的"秦火"之劫，历来备受道德的谴责。但其历史文化背景更值得我们深思。从政治版图上看，秦齐楚赵魏韩燕等"战国七雄"都是经过约两百年的竞争遴选出来的统一中国的种子选手，秦最为强劲。从文化版图上看，秦国却是最弱的一国。历史学家严耕望先生在《战国学术地理与人才分布》中指出：

> 先秦学术兴盛，大抵在大河中流（三门峡以下）之南北、河淮平原中北部，东北逾泰山至海滨一带，此即三晋中

心地带与宋陈鲁齐地区也。……儒兴于鲁，墨兴于宋，道兴于淮北陈蔡地区，阴阳、兵、医兴于东齐，名、法、纵横兴于三晋，文学赋家兴于荆楚，大抵各有其自然地理环境与历史文化传统之背景也。

所以，先秦的学术皆在华山以东，即古人所谓的"山东"地区。秦国的文化弱势，是因为平王东迁后，秦人接收的关中地区多被西戎占领，西周的封建礼乐文化受到扫荡。秦国之所以能称霸并统一中国，恰恰在于积极起用客卿，也就是六国的人才。楚国上蔡人李斯向秦王上《谏逐客书》，称赞秦穆公求士，"并国二十，遂霸西戎"；秦孝公用商鞅，"民以殷盛，国以富强"；秦惠王用张仪，使六国"西面事秦"；昭襄王用范雎，"蚕食诸侯，使秦成帝业"。与之相应，秦国也就成了战国诸子思想学术的实验场。但是为了实现秦国的政治目标，这种实验只能是实用主义和功利主义的。所以，能让秦国变法图强的三晋法家学说成为首选。相对于儒家的王道政治，法家的政治原则被称为霸道，推崇法令和权威的力量。《韩非子·外储说右下》记载秦昭襄王生病，百姓自发地为他祈祷。他却罚这个地方的里长和长老出了两副甲胄。他认为百姓之所以服从，是因为有权势的制约。如果靠仁爱获得百姓的拥戴，一旦不爱护就不听话。所以做君主的要断绝爱民之道。

在先秦诸子中，只有儒家思想根源于礼乐文化传统，编纂、阐释与传授《诗》《书》等文化经典。儒家反对功利主义的价值观，重视义利之辩，强调政治必须建立在道德之上，推重文教。可惜秦国一直没有儒家的市场，荀子是第一个进入秦国的大儒，已晚在昭襄王的时候。《荀子》中的《强国篇》记载范雎问荀子"入秦何见"，荀子盛赞秦国山川险要、物产丰富、民风质朴、吏治肃清，已达到"治之至也"，然而他话锋一转，说尽管如此，秦国仍有一"諰"，也就是忧惧。那是什么呢？荀子说，秦国之治远未达到王道的境界，因为"其殆无儒邪"，不用儒生，是"秦之短也"。

秦统一中国前夕，相国吕不韦综合诸子百家的思想，编成一部百科全书式的杂家著作《吕氏春秋》。秦始皇统一中国之后，又建立了七十博士制度，其中既有经术之士，也有方士等，从制度上看倒是兼收并蓄，所以齐鲁的儒家学者也被征为博士。据王国维先生《汉魏博士考》统计，见载于《史记》的儒家的博士有齐人淳于越（《秦始皇本纪》）、济南人伏生（《儒林列传》）、薛人叔孙通（《刘敬叔孙通列传》），《汉书》中还有羊子（《艺文志·诸子略》）等人。但是秦始皇的主导思想依然是法家，所以淳于越闯了个大祸。秦始皇三十四年，置酒咸阳宫，博士七十人前为寿，大家都称颂秦的统一，将诸侯国变成了郡县，无战争之患。淳于越却站出来唱反调，说商、周享国千余岁，在于分封子弟以为枝辅，"事不师古而能长久者，非所闻也"。始皇下其议，丞相李斯说：不同的时代应该有不同的政治，"今天下已定，法令出一，百姓当家则力农工，士则学习法令辟禁。今诸生不师今而学古，以非当世，惑乱黔首"，应该焚书并禁止民间学术：

> 非《秦记》皆烧之。非博士官所职，天下敢有藏《诗》《书》、百家语者，悉诣守、尉杂烧之。有敢偶语《诗》《书》者弃市。以古非今者族。吏见知不举者与同罪。令下三十日不烧，黥为城旦。所不去者，医药卜筮种树之书。若欲有学法令，以吏为师。

在这个禁令中，只有法律和方伎术数才是可以学习的知识。实用与功利的文化政策使得秦始皇无法确立统一郡县制帝国的文化传统和道德价值。秦朝的短命有很多原因，文化战略的失误是最为根本的。汉承秦制，但又确立经学和儒术，修正了秦制的文化方向，所以汉宣帝对太子说"汉家自有制度，本以霸王道杂之"。

按照秦法，伏生应当"黥为城旦"，即在脸上刺字罚作筑城的苦役。不过，和伏生一样敢于犯禁藏书的人还有许多，其中当数孔子的后人最有勇气。他们藏的《尚书》比伏生的二十九篇还多十六篇，也就是后来流行于汉代民间的《古文尚书》。《汉书·艺文志》记载：

《古文尚书》者，出孔子壁中。武帝末，鲁共王坏孔子宅，欲以广其宫，而得《古文尚书》及《礼记》《论语》《孝经》凡数十篇，皆古字也。

唐代颜师古注解道："《（孔子）家语》云孔腾字子襄，畏秦法峻急，藏《尚书》《孝经》《论语》于夫子旧堂壁中，而《汉纪·尹敏传》云孔鲋所藏。"唐代经学家陆德明《经典释文·序录》又说："《书》凡百篇，及秦禁学，孔子末孙惠壁藏之。鲁恭王坏孔子宅，于壁中得之，并《礼》《论语》《孝经》。"孔惠之名不见

曲阜孔庙中的鲁壁

于《史记·孔子世家》。孔襄是孔子的八世孙，做过汉惠帝的博士、长沙太守。伏生藏的《尚书》和孔氏藏的《尚书》都缺少一篇记载武王誓师伐商的《泰誓》，刘向《别录》记载"武帝末，民间有得《泰誓》于壁间者献之。使博士读说数月，皆起传以教人"。此外还有东汉王充的《论衡·正说篇》记载西汉宣帝时，"河内女子发老屋，得逸《易》《礼》《尚书》各一篇。奏之，宣帝下示博士"。赵翼《陔余丛考》总结说："《尚书》古今文皆出壁中……盖遭秦有挟书之禁，学者多藏书于屋壁，以避时禁而俟后世。"

齐鲁的儒生还有参加反秦义军的。《史记·儒林列传》载："陈涉之王也，而鲁诸儒持孔氏之礼器往归陈王。于是孔甲为陈涉博士，卒与涉俱死。"孔甲就是孔襄的哥哥孔鲋，此事也见于《孔子世家》。太史公说这些儒生之所以加入平民匹夫的队伍中，是因为"秦焚其业，积怨而发愤于陈王也"。汉魏时期有一本记载孔子家族言行的《孔丛子》，旧题孔鲋所撰，其中记载陈余向陈胜推荐了孔鲋。《史记》中有《张耳陈余列传》，说他是魏国大梁的豪杰，"好儒术"。

顾炎武有诗曰："为秦百姓皆黔首，待汉儒林已白头。"（《顾亭林诗文集》卷四《亡友潘节士之弟未远来受学兼有投诗答之》）儒家从孔子起就形成了守先待后、为往圣继绝学的传统。战乱结束之后，齐鲁学人就积极地传授经典，为汉武帝独尊儒术打下了坚实的学术基础。《儒林列传》中说伏生找到二十九篇《尚书》之后，"即以教于齐鲁之间。学者由是颇能言《尚书》，诸山东大师无不涉《尚书》以教矣"。王鸣盛①《十七史商榷》认为，文帝没有下诏让伏生将《尚书》献给朝廷，而是派晁错来受教，是因为"汉人传经，其文字音读、章句训诂，必有明师面授，方能承学，无师不能自读也"。《汉书·楚元王传》中记载高祖的同父少弟、楚元王刘交与鲁穆生、白生、申公曾向荀子的学生、齐人浮丘伯学习《诗经》，后因秦禁《诗》《书》而辍学肄业。吕太后时，刘交听说老师在长安，于是让儿子刘郢客代替自己和申公一起到长安完成学业。《史记·儒林列传》记载刘邦征战之时经过曲阜，"申公以弟子从师入见高祖于鲁南宫"。这些都是齐鲁学者在民间讲学的事例。

古代的学术传承还与家学、家风密切相关。伏生可能是孔子弟子宓子贱的后裔，伏与宓同音。《论语·公冶长》中，孔子称赞子贱为君子。《史记·仲尼弟子列传》记载子贱曾为单父宰。刘向是楚元王刘交的五世孙，他编撰的《说苑·政理篇》和《新序·杂事篇》都有宓子贱治理单父的故事。南朝颜之推《颜氏家训·书证篇》中说："今兖州永昌郡城，旧单父地也。东门有《子贱碑》，汉世所立，乃曰济南伏生，即子贱之后。"据《后汉

---

① 王鸣盛（1722—1797），江苏嘉定（今属上海）人，清代史学家、经学家。

书·伏湛传》，伏生亦字子贱。"自伏生已后，世传经学，清静无
竟，故东州号为'伏不斗'云。"齐地的伏生家族和鲁地的孔子
家族堪称两汉数一数二的学术世家。赵翼《廿二史札记》"累世
经学"条说，周、秦以来，世世代代以儒术闻名的人家，以孔子
之后为第一，"计自孔圣后，历战国、及两汉，无代不以经义为
业，见于前、后《汉书》，此儒学之最久者也"。其次是伏氏家
族："此一家历两汉四百年，亦儒学之最久者也。"关于伏氏家
族，晚清民国时期的山东潍坊学者陈蜚声（1864—1945，字翼
如，号鹤侪）著有《伏乘》十九卷，考辑有关伏氏史料，成一家
私乘，可惜不易见到。

董仲舒与汉武帝

我的两个母校扬州中学和南京大学都创办于清光绪二十八年（1902），都已超过两个花甲了。扬州中学肇始于仪董学堂，1904年清廷颁布《奏定学堂章程》后，更名为两淮中学堂，才有了中学之名。所谓"仪董"，就是效法西汉大儒董仲舒的意思。董仲舒是广川（今河北衡水景县）人，司马迁尊称他为"董生"，也就是董先生的意思，后世也尊称他"董子"。因为他做过江都易王刘非的相国，也称"董相"。江都是扬州的古称，清代的学术号称汉学，扬州学派又是清代的学术重镇，因此董仲舒也就成为清代学者和扬州人的典范。不过扬州人有时也会攀附风雅，搞出笑话来。

乾隆年间，江都县的衙门口悬着两块匾额，一块上面写着"绩传董相"，一块上面写着"邑肇荆王"。挂了五年之久，某日被当地大学者汪中[1]看见了。于是他写了篇《江都县榜驳义》，说这两块匾上标榜的文字都是不对的。首先，汉景帝前元四年（前153）设立江都国，治下包括广陵、江都等二十一县，相当于今天的扬州、太平、宁国、池州、徽州五府，通州、广德二州，江宁府上元、江宁、句容、高淳、溧水，镇江府溧阳以及杭州府於潜、昌化，泗州府天长等十来个县，现在的江都县不过是江都国中的江都一县而已。汉朝的县令只是个千石或六百石的品秩，而董仲舒担任的相国，视同郡守，是二千石以上的品秩。如

扬州北柳巷董子祠，始建于明弘治年间（1488—1505），
清光绪七年（1881）重修

---

[1] 汪中（1745—1794），江苏江都（今江苏扬州）人，清代思想家、文学家、史学家。

果以继承董相国的政绩自比，岂不是以国为县，混淆视听？其次，汉高祖六年（前201）封刘贾为荆王。高祖十一年，淮南王黥布造反，刘贾与战不胜被杀，国灭不传。刘贾以吴作为荆的国都，并非江都国的都城广陵。况且景帝设立江都国时，刘贾都死了四十三年了，在此之前从未听说有过江都县的设置，怎么能说江都县肇始于荆王刘贾呢。汪中说："二者之云，失于不学。榜立五年，无觉其非者。"此言一则讥刺江都县的官员缺乏学识，也讥讽扬州的士民无知或者不敢直言。此文收入汪中的文集《述学》。

董仲舒担任江都相要拜汉武帝之赐。《史记·儒林列传》说他专心治学，景帝时就做了《春秋公羊》学的博士。"下帷讲诵，弟子传以久次相受业，或莫见其面"，也就是说新来就学的弟子跟着老弟子们学，不一定面授。又说他"三年不观于舍园，其精如此"。东汉王充认为并非三年坐着思考，没有进园子看一眼，而是他精于思考，存道亡身，察而不见（《论衡·儒增篇》）。汉武帝于建元元年（前140）即位，这个十六岁的少年英主雄心勃勃，想要改变文帝、景帝以黄老无为之术治理天下的局面，下诏举荐贤良方正、直方极谏之士来朝廷对策。丞相卫绾上奏，建议所举士人中，不许有治法家和纵横之术的人。于是儒生董仲舒应运而出。

汉武帝这次并没有问国计民生，而是询问"大道之要，至论之极"，即天人之道的根本问题。他问贤良们：听说上古时代的五帝三王治天下之道，都是通过改制作乐使得天下和洽，他们作的乐还在流传，为什么他们的道却衰微缺失了呢？努力效法古代帝王，难道与世无补？夏商周三代是如何接受天命的？天为什么会降下灾难和怪异？人性的原理又是什么？如何才能做到"膏露降，百谷登，德润四海，泽臻草木，三光全，寒暑平，受天之祜，享鬼神之灵，德泽洋溢，施虖方外，延及群生？"说到底，他在询问如何通过改制作乐，成为尧舜那样的圣人。他还屡屡叮嘱说，你们务必逐条论述，详细分析，知无不言，无所顾虑，我将亲自启封阅览，不必担心外泄。于是董仲舒一连对了三策，史称"天人三策"。董仲舒对汉武帝不切实际的理想浇了盆冷水。他说，汉朝得天下以来七十多年了，一直想治理好国家却一直做不到，这是因为"失之于当更化而不更化"，即应该改制的时候却不改制。古人有言曰："临渊羡鱼，不如退而结网。"与其向往太平盛世，不如退回去改革制度。而改制决非"改制作乐"，那只是改变朝代的名号、历法和正朔，回应天命而已，当下之务是变革吏制，因为官员们多出身于荫仕（二千石官员的子弟保送为官）和訾选（富人买官），"未必贤也"。只有兴太学、置明师、养士选贤，通过考绩以尽其材，才能为民师帅，教民廉耻。汉武帝读后不甘心，反问董仲舒："既然你主张孔子《春秋》里的王道是永恒不变的，为什么夏商周三代的政教都产生了偏弊呢？"董仲舒答道："天不变，道亦不变。"行不由道，才有偏弊，并非有不同的道。所以夏商周三代都要通过减损或增益制度的方法补偏救弊，回归王道。"今汉继大乱之后，若宜少损周之文致，用夏之忠者。"也就是说，皇上你不要好大喜功，做那些制礼作乐的表面文章，而是要看到汉朝建立在天下大乱之后，应该减损礼乐虚文，重视道德教化，从而为礼乐文明打下基础。由这场对策可见，汉武帝和董仲舒都意识到要将汉朝从秦朝继承的郡县制度建立在深厚的历史文化传统之中，只不过他们对文化的理解不尽相同罢了。

尽管武帝心不在焉，可是按照汉代诏举制度，对策得中就要拜官。把董先生留在朝廷，时时听他教训当然不行，于是汉武帝就让董仲舒去教化一个不可教化的人。"对既毕，天子以仲舒为江都相，事易王。"《汉书·景十三王传》中说景帝有十四个儿子，程姬生刘非，是武帝的异母兄。先封为汝南王，吴楚七国之乱时，十五岁的刘非上书请求出击吴国，景帝授予将军之印。吴国平定后改封江都王，治理吴国地区，还以军功授予天子旗。武帝元光年间匈奴大举入边，刘非又上书出击匈奴，武帝不许。因为江都王喜欢军事，招募四方豪杰，生活过分骄奢，是个危险人物。不料董仲舒上任之后，"以礼谊匡正，王敬重焉"。有一天易王问董仲舒："越王勾践和大夫泄庸、文种、范蠡谋划伐吴，就能灭了吴国。孔子说殷有三个仁人，寡人以为越国也有三个仁人。当年齐桓公有疑问就去请教管仲，寡人就向您请教。"董仲舒说:"臣愚昧不堪重任。过去我听说鲁国的君主问柳下惠:'我想讨伐齐国,行不行?'柳下惠说:'不行。'回去后面有忧色,说:'我听说侵略他国的事不会询问仁人,怎么问起我这种事情来了?'柳下惠只是被问了一下,就感到羞耻,何况要他设计诈术讨伐吴国?由此可知越国没有一个仁人。仁人正其谊不谋其利,明其道不计其功。因此孔子门下五尺童子都羞于谈论春秋五霸的事,因为五霸们重诈术而不重仁义。行诈术的人都不会被贤人君子们赞许,所以五霸虽比其他诸侯贤能,但比起禹、汤、文王来,就像那些叫作'武夫'的假玉石和纯洁的美玉一样。"易王听了只能称好。"正其谊不谋其利,明其道不计其功"是指端正道义而不谋取私利,明白道理而不计较得失。南宋大儒朱熹将此语列入白鹿洞书院的《学规》之中。刘非在位二十六年,得以善终,但其子刘建参与淮南王、衡山王谋反,元狩二年(前121)畏罪自杀,封国被取消并入广陵郡。

不过并非读过《春秋》的人都能正谊明道。菑川薛人(今山东淄博薛县)公孙弘曾向董仲舒的同学胡毋生学习《公羊春秋》。他做过狱吏,犯过罪,放过猪。武帝即位时他已六十岁,被征为博士。因出使匈奴回奏情况不合武帝之意,称病免官回家。元光五年(前130)又被举荐为贤良入朝对策。武帝又问"天人之道,何所本始"之类的问题,于是公孙弘在对策中称颂人主之德。当时有百余人对策,主持对策的太常卿将他评为下等。但对策上奏后，武帝却"擢弘对为第一"。此后一路飞黄腾达，官至丞相（《汉书·公孙弘传》）。这是个博闻多识，处事谨慎却内藏阴毒的人。常常与公卿们约好向武帝汇报的内容，但临场却背叛约定顺从上旨，大臣汲黯在朝廷上当众指责他诈伪不忠，公孙弘却说："了解我的人就说我忠，不了解我的人就说我不忠。"武帝同意他的辩解。此后大臣越是批评公孙弘，武帝就越是袒护他。当年齐诗的宗师辕固生与公孙弘一道被征为博士，他对公孙弘侧目而视，告诫他："公孙子，务正学以言，无曲学阿世！"董仲舒也批评公孙弘顺从阿谀，不讲原则。武帝的另一位异母兄胶西王刘端，是个阳痿病人，性情残忍，经常谋害朝廷派来的官员，于是公孙弘就建议武帝派董仲舒出任相国。谁知道胶西王听闻董仲舒是大儒，对他善待有加。董仲舒也怕夜长梦多，不久也称病免职。史载他"凡相两国，辄事骄王，正身以率下，数上疏谏争，教令国中，所居而治。及去位归居，终不问家产，以修学著书为事"。

就在董仲舒出任相国和归居家中的时期，武帝一方面接受了董仲舒的建议，于建元五年（前136）置五经博士，立学校之官；元朔元年（前128）诏举孝廉；又接受了公孙弘的建议，于元朔五年（前124）诏令礼官劝学，为博士招收弟子。另一方面大张旗鼓地制礼作乐。元鼎五年（前112），他采用齐地方士所奏太一神，在甘泉筑泰畤，始行郊祀上帝之礼。元封元年（前110）四月登泰山行封禅礼，宣示天下太平。太初元年（前

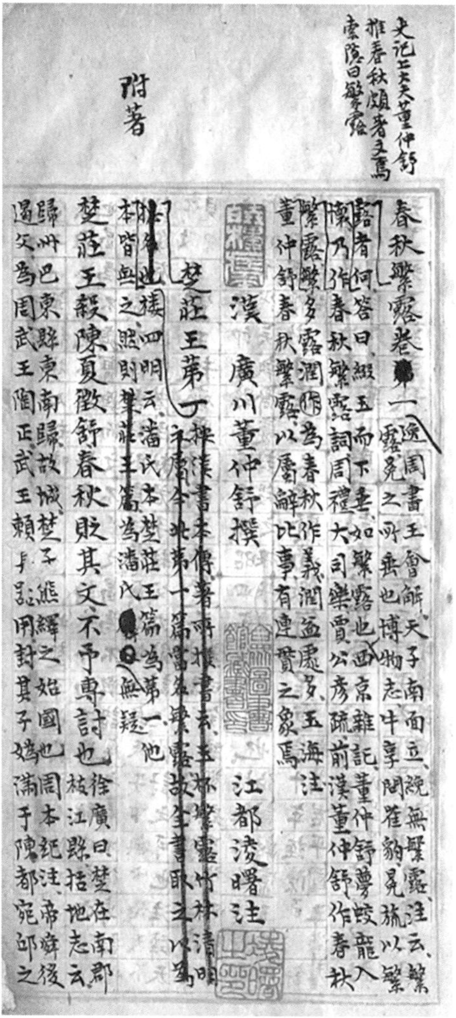

附著

春秋繁露卷第一

漢　廣川董仲舒撰

江都凌曙注

楚莊王第一

凌曙《春秋繁露注》稿本

104），武帝改历，以正月为岁首，而一代儒宗董仲舒病逝长安家中，葬于下马陵（苏舆《董子年表》）。

《汉书·董仲舒传》除了收入他的"天人三策"外，还记载他留下一百二十三篇奏议和行政文书，数十篇阐论《春秋》的篇章，如《蕃露》《玉杯》《竹林》等，后世搜集编纂为《春秋繁露》十七卷，其中真伪杂陈，无法辨读。而扬州毕竟是清代的学术重镇，董仲舒的学问，还是要靠扬州人传承光大。嘉庆年间，江都人凌曙①撰成《春秋繁露注》，"篇义字句，皆栉梳而理解之"（洪梧《春秋繁露注序》）。嘉庆二十年（1815）由蜚云楼刊刻，手稿现藏上海图书馆。董仲舒的"天人三策"也是汉代政论文的典范，并影响了唐宋古文。《旧唐书·韩愈传》称"大历、贞元之间，文字多尚古学，效扬雄、董仲舒之述作"。刘熙载《艺概·文概》评论道："西汉文无体不备：言大道则董仲舒，该百家则《淮南子》，叙事则司马迁，论事则贾谊，辞章则司马相如。"

南宋学者王应麟感慨："惜也，帝不用仲舒之真儒！"（《通鉴答问》）不过在儒家看来，能否受到帝王的知遇，得君行道，本来就是由命运安排的，但是践行道义这件事，君子却当作自己的道德禀性和人生使命，努力去做而不交给命运，所以孟子说"义之于君臣"是"命也"，但是"有性焉，君子不谓命也"。

---

① 凌曙（1775—1829），江苏江都（今江苏扬州）人，清代学者。

墨拓中的汉朝

·

　　大概在流沙坠简和马王堆帛书出土之前，我们可以读汉人写的书，但看不到汉人的手迹，仅能看到汉代碑碣和器物上刻出来的字迹，北宋郭忠恕《汗简序》中称之为"古之遗像"，从中亦可观汉人书写的韵致。书家运其笔锋，刻工运其刀锋，日月寒暑风雨运其气锋，千百年之后，碑铭文字自成一种高古苍茫之貌，备受后世书家的追捧，许多汉碑成为书法的典范。那些矗立于亭台庙堂或倒卧于荒野草丛的汉碑，如果既要阅读它们的文字，又要欣赏它们的书法，就只能用浓淡之墨椎拓成拓片来观看，追捧得越厉害，碑版便被椎拓得越惨烈。所以当清代碑派书风大行，崇碑版贱法帖之时，章太炎先生便提醒人们："秦汉石刻，至今几二千岁，唐碑至今亦千余岁，其间风雨所蚀，椎榻（拓）所镕，至于刻浅字粗者，十有七八，则用笔之妙不可尽见。"（《论碑版法帖》）也正因为如此，碑版的初拓本或早期拓本就愈加珍贵，称为"善本"。而越是古老的碑版，其善本就更不易得。

元旦过后，和几位同仁相约去上海图书馆的浦东馆参观了"大汉雄风：上海图书馆藏汉碑善本展"，一饱谛观汉碑善本的眼福。古代的碑刻被打拓下来之后，为了方便阅读、临写、题跋，大多被剪裁装裱成册页，成了碑帖，将一座座丰碑变成了几案上展读的文本，而且这个文本是开放的文本，藏家、学者、书家、经眼者们都可以在这个文本的天头、地脚、扉页、尾页、加页上写下校释、考据、评鉴、歌咏之类的眉批、题跋文字，盖上许多收藏的印或经眼的章，这些对碑刻的阐释行为，经过岁月的积累，综合碑刻、书法、篆刻、诗词、文章于一册，是一部许多人写就的书，其文化价值和内涵已经远远超过墨拓本身。

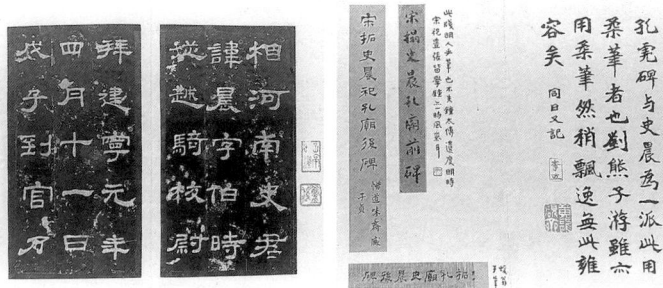

李瑞清题记清何绍基藏宋拓《史晨碑》

对我来说，最大的享受并不是观看展柜中陈列的善本碑帖，而是观看挂在展橱中汉碑的整纸墨拓，尽管不是面对原碑，也能有点在场阅读的感觉，更何况整拓之上，收藏与鉴赏的文字和印章题盖于其上的空白处和裱褙之侧，或另装额首，形成沧桑岁月的完整图像。任何碑刻的树立，都是为了创造一个礼制文化的空间，而不完全是让人们阅读上面的文字。德国有位社会语言学家弗洛里安·库尔马斯（Florian Coulmas）写过一本《文字与社会导论》（阎喜译，外语教学与研究出版社 2018 年版），提出"语言景观"的概念："在这一景观中，人们不仅能听到语言，而且能看到语言。"人们可以想一想："谁制造了这些文字？把它们放在哪里？它们有什么作用？"中国古代学者对鼎彝刻石也有类似的看法。阮元[①]《商周铜器说》（《揅经室集》）曰：

> 器者所以藏礼，故孔子曰："唯器与名，不可以假人。"先王之制器也，齐其度量，同其文字，别其尊卑，用之于朝觐燕飨，则见天子之尊，锡命之宠，虽有强国，不敢问鼎之轻重焉。用之于祭祀饮射，则见德功之美，勋赏之名，孝子孝孙，永享其祖考而宝用之焉。

龚自珍《说宗彝》曰："宗彝者何？古之陈器也。出之府库，登

---

① 阮元（1764—1849），江苏仪征人，清代大臣、学者、文学家。

之房序，无事则藏之，有事则陈之，其义一也。"《说刻石》曰："石在天地之间，寿非金匹也。其材巨形丰，其徙也难，则寿侔于金者有之。古人所以舍金而刻石也欤？"他们都发现了金石作为陈列物的文化价值。所以，石碑和文字一起，构成了一个语言景观，直接诉诸人们眼睛的是一块刻有文字的石碑，而不是石碑上的文字内容，宣示着纪念的意义、信仰与政治的权威。

晚清学者叶昌炽[①]的《语石》是我国第一部古代石刻的通论，其中的《立碑总例》归纳了古人的刻石惯例：

> 一曰述德，崇圣、嘉贤、表忠、旌孝，稚子石阙（汉《王稚子双石阙》）、鲜于里门（唐《鲜于氏里门碑》），以逮郡邑长吏之德政碑是也。

> 一曰铭功，东巡刻石，登岱勒崇，述圣、纪功、中兴、睿德，以逮边庭诸将之纪功碑是也。

> 一曰纪事，灵台经始（《诗·大雅·灵台》），斯干落成（《诗·小雅·斯干》），自庙学营缮，以逮二氏（佛、道）之宫是也。

> 一曰纂言，官私文书，古今格论，自朝廷涣号，以逮词人之作是也。

---

① 叶昌炽（1849—1917），长洲（今江苏苏州）人，晚清学者。

清宣统元年刊叶昌炽《语石》书影

　　汉承秦制，刻石也如此。《史记》所载秦始皇六处东巡刻石、唐代出土的秦石鼓等皆是秦人风尚。但是现存西汉刻石只有五六块遗存，且多为题记而非文章，如欧阳修所言："至后汉以后，始有碑文。"（《集古录跋尾·宋文帝神道碑跋》）而大部分汉碑都是东汉后期的。朱剑心先生《金石学》中指出："冢墓之碑，始于后汉；其时门生故吏，为其府主，刻石颂德，遍于郡邑，风气极盛。"据其统计，史书和诸家金石著录标记有年代的东汉碑就有一百六十多块，而桓帝建和至献帝建安时期多达一百四十多块，"观此可知后汉之初，立碑之风犹未盛行；至桓、灵以后始极其盛也"。尽管现存原石或原石拓本不及其半，但桓、灵之后的碑刻仍在七成左右（据高文先生《汉碑集释》）。这是一个值得关注的现象。

众所周知，桓帝、灵帝时期外戚、宦官交替专政，与士大夫们矛盾激化，汉朝走向衰亡。桓帝延熹九年（166）和灵帝建宁二年（169）宦官集团针对清流士大夫发动过两次党锢，将指控为党人的士大夫及其门生、故吏、父兄、子弟免官禁锢在家，或搜捕入狱。王夫之《读通鉴论》云："党锢兴而汉社移。"其实这在汉末时期就已是共识，诸葛亮《出师表》云：

> 亲贤臣，远小人，此先汉所以兴隆也；亲小人，远贤臣，此后汉所以倾颓也。先帝在时，每与臣论此事，未尝不叹息痛恨于桓、灵也。

世道倾颓却流行"勒石颂德"（《石门颂》），这些立在冢墓或庙堂的"语言景观"大多是在宣示"郡邑长吏之德政"及其门生故吏的集团意识。后世文人也喜欢从汉碑中集出些歌功颂德的吉祥联语，比如："佐时理物，天与厥福（夏承、韩敕）；含和履仁，帝赖其勋（夏承、孔宙）。""学为儒宗，行为士表（鲁峻）；冠乎群彦，简乎圣心（郑固）。"等。清代学者梁章钜《楹联丛话》曰："汉碑句皆质重，蔚然古香。"

所以，这些述德行为并非粉饰太平，而是一种政治抗争。我们只要看一下这些碑的背面（碑阴）就会明白，上面刻着郡邑长吏的门生与故吏的姓名，有的还写明他为立碑捐出的钱数。比如桓帝延熹七年（164）《有汉泰山都尉孔君之碑》是泰山都尉孔宙的碑铭，碑阴刻了门生四十二人、门童一人、故吏八人、故民

孔宙碑碑阳拓片

孔宙碑碑阴拓片

一人、弟子十人的姓名和邑里。顾炎武《日知录》中的"掾属"条指出，考之汉碑，可知汉代地方除了守相由朝廷任命，曹掾之下的属官"无非本郡之人，故能知一方之人情，而为之兴利除害"；"门生"条指出，"汉人以受学者为'弟子'，其依附名势者为'门生'"。他们和长吏府主一起构成地方政治势力，其中也分清流与浊流。

孔宙墓碑，藏曲阜汉魏碑刻陈列馆

孔宙是"孔子十九世之孙",泰山都尉是郡中"典兵禁,捕盗贼"的官,只在有兵事时设置,事毕便撤(《汉官仪》)。桓帝永兴、永寿、延熹年间,泰山、琅玡两郡发生民乱,杀长吏,于是在两郡设置都尉,延熹八年(165)罢。碑中说孔宙为元城令时,"东岳黔首,猾夏不□,□□祠兵,遗衅未宁,乃擢君典戎"。他"以文修之,旬月之间,莫不解甲服罪,□□□榱。田畯喜于荒圃,商旅交乎险路,会《鹿鸣》于乐崩,复长幼于酬酢",恢复了地方的生产和文教。年六十一病故,虽遗命俭葬,但他的故吏门生们"共陟名山,采嘉石,勒铭示后,俾有彝式"。他们在碑阴刻上自己的姓名,这块述德之碑,无疑在宣示他们的声望。

灵帝建宁四年(171)《汉故博陵太守孔府君碑》(《孔彪碑》)是孔彪的墓碑,也说他是"孔子十九世之孙",与孔宙为兄弟辈。碑中歌颂他做太守时发生饥馑民乱,而他宽博施政,使"路不拾遗,斯民以安"。碑阴列了故吏十三人。其中第一位便是"故吏司徒掾博陵安平崔烈字威考"。他是东汉大学者、文学家崔瑗的侄子,官至太尉。《后汉书·崔骃列传》云:"崔氏世有美才,兼以沈沦典籍,遂为儒家文林。"可是崔烈丧失了士大夫的名节。灵帝时标价卖官,做个公卿要花上千万钱,于是崔烈便贿赂灵帝保姆程夫人五百万钱买司徒做,灵帝授官时,当着朝臣们说后悔没有收他千万钱。程夫人辩白说:"崔公是天下名士,岂能买官。

他靠我推荐做了公卿，岂不是美事一桩?"于是舆论哗然，他也名声大衰。他问儿子崔钧外面有何议论。崔钧对父亲说："人们都嫌你有铜臭!"东汉的清流士大夫们与外戚、宦官集团不一样，他们不仅要按照儒家的原则做循吏，行仁政，还要砥砺名节，维护家族伦理和社会声望。

孔彪碑，藏曲阜汉魏碑刻陈列馆

孔宙的儿子中，最有名的是孔融（文举），建安七子之一，现存《孔谦碑》《孔褒碑》也是孔宙儿子们的墓碑。孔谦是孔宙早亡的儿子，碑立于桓帝永兴二年（154），文字简短，只说孔谦有清少孝友之行，弱冠而仕，历任郡诸曹史，年三十四而卒。《孔褒碑》文字漶漫，多不可辨，但其中说孔褒字文礼，是孔宙的长子。举孝廉，为州从事。碑文中有"□览□□图，□□元节，所过夷□，□粲骨栗，莫敢藏匿。君□□□□，□□□□。

孔谦碑，藏曲阜汉魏碑刻陈列馆

遂□危□，济渡穷厄。后会事觉，□□□□，临难引□，各争授命"诸语，表彰他援救党人张俭的事迹，亦见诸《后汉书·孔融传》：山阳郡东部督邮张俭（字元节）被宦官中常侍侯览诬为党人，遭到通缉。他逃奔朋友孔褒，可是出来迎接他的是十六岁的孔融。张俭觉得他太小，便不告诉他原委。孔融见他面有窘色，便称可代家兄做主，收留了张俭。后来事情泄露，张俭只能继续逃亡，孔褒、孔融兄弟被捕下狱。兄弟俩争相领罪，狱吏无法决断，便问他们的母亲。母亲说，这样的罪责应该由家长承担，"一门争死，郡县疑不能决"，只得上奏朝廷。诏书下令收系孔褒，而孔融"由是显名"。

光和七年（184），太平道教徒发动黄巾起义，灵帝才下诏大赦党人。《孔褒碑》也应当立于此后。孔宙父子其实也属于党人的成员。张俭是灵帝朝党禁的首犯，而司隶校尉李膺是桓帝朝党禁的首犯，《世说新语·言语》记载孔融十岁随父亲造访李膺时，自称是李膺的亲戚。李膺问他是何亲戚，他说孔子与老子互为师友，所以我与你是世交。《后汉书·党锢列传》说，党锢期间，名士们愈加相互标榜，人们便给他们编排称号，有所谓"三君""八俊""八顾""八及""八厨"等，"八及"之中，就有张俭、孔昱等人。孔昱字世元，也是孔融的兄长。赵翼《廿二史札记》"党禁之起"曰："朝政乱则清流之祸愈烈，党人之立名，及举世之慕其名，皆国家之激成也。"

孔褒碑，藏曲阜汉魏碑刻陈列馆

上述孔氏四碑现皆收藏于曲阜汉魏碑刻陈列馆，和其他许多同类的汉碑一道，成为昭示历史的语言景观。汉碑可以考史证文，已成为学界共识，而其书写与立碑行为中包含的心志或许更具历史价值。

野史未尝无作者

时下有一部广告词中自称为悬疑喜剧的电影《满江红》上映，表现岳飞身后忠奸传奇之事。既是悬疑剧，便是"玄说"了，于是岳飞那首彪炳史册的《满江红》也就成了电影里推助情节发展的"玄机"，还引发了关于《满江红》真伪的议论。至于学界是否能有新的发现与见解，可能还要"让子弹飞一会"，我们不妨先回顾一番几位文史前辈们的观点。

首发伪作论者是文献学家余嘉锡先生。其《四库提要辨证》（1958）"《岳武穆遗文》"条认为，岳飞之孙岳珂所编家乘史料《鄂国金佗粹编》中的《岳武穆文集》（题为《鄂王家集》）仅收《小重山》一词，《满江红》始见于明嘉靖年间徐阶所编《岳武穆遗文》，当是明人伪托。词学家夏承焘先生《岳飞〈满江红〉词考辨》（1962）赞同余氏见解，进而推断是明弘治年间人为抵御西北鞑靼族而托名岳飞的词作。词中的"贺兰山"，宋时在西夏

传南宋刘松年绘《中兴四将图》局部"岳鄂王飞",现藏中国国家博物馆

古者傳書有公私之異五十九篇上世之書也則更寫竹簡卷上送官藏名山而副京師蓋非金鐀石室之故文不得以並錄一家之記載若可以儕史闕矣掘筆廢紙僅得不泯而著書遺札雖關國大議如封禪者亦必竢詔求而後徵間書之不可茍傳如此開陽刻經曾存六藝觀蕃請史弗畀權謀著之舊章

鄂國金佗粹編序

孫臣諶即權發遣嘉興軍府惠營田勸農事岳珂

南宋岳珂编《鄂国金佗粹编》书影,明嘉靖刊本

101　　　　　文脉与国运

境内，而唐、宋诗中的"贺兰山"皆实指其地，故而岳飞不可能有"踏破贺兰山缺"之想。

认为是岳飞作品的有程千帆先生，其《论唐人边塞诗中地名的方位、距离及其类似问题》（1963）针对夏文的观点指出，唐诗中的"贺兰山"已非实指，如果联系下句中的"胡虏肉""匈奴血"，便可知皆是用典而非实指。千帆先生还特别举出一条史料——北宋阮阅《诗话总龟》所引《古今诗话》的文字：

> 姚嗣宗诗云："踏碎贺兰石，扫清西海尘。布衣能效死，可惜作穷鳞。"韩魏公安抚关中，荐试大理评事。

此诗及其本事见诸数种宋人笔记与诗话。夏文中亦举北宋释文莹《续湘山野录》，其中载嗣宗书此诗于"驿壁"之上，其时"元昊以河西叛"，故而实指"贺兰山"。正如夏文所论，其他宋代笔记如《西清诗话》《吟窗杂录》《苕溪渔隐丛话》《诗人玉屑》等亦有"元昊为边患"或"以河西叛"诸语。不过，程先生却揭示出岳飞受此诗影响的可能性：

> 岳飞在青年时代，曾经做过安阳昼锦堂韩家的佃客；因此，他又有很早便知道韩琦这件佚事，熟习姚嗣宗这篇小诗的可能。这也足以作为词语是兼用今典的旁证。

韩琦为北宋名相，封魏国公。他防御西夏屡立奇功，声闻朝野，与范仲淹并称"韩范"。岳飞是韩家佃客一事，《宋史》不载，见于南宋徐梦莘《三朝北盟会编》中的《岳侯传》《林泉野记》。朱熹也对弟子说过："岳太尉飞本是韩魏公家佃客，每见韩家子弟必拜。"（《朱子语类》）《鄂国金佗粹编》中的《岳鄂王行实编年》、《续编》中的《百氏昭忠录》均载岳飞应募平定军之前，曾射杀张超一事，可为佐证。《昭忠录》曰："宣和六年，贼张超率众数百，围魏忠献王韩琦故墅。飞适在焉，怒曰：'贼敢犯吾堡耶！'超恃勇直前，飞乘垣，引弓一发，贯其吭，而一墅赖以全。"不过千帆先生并没有固执于此，而是从文学创作的规律出发，揭示古人用古典与今典的辩证关系，拓展了我们对诗词创作过程的理解：

> 姚诗所云，虽系指西夏，如夏先生所说，但贺兰山一词既然是唐人诗中所固有，因而岳飞作《满江红》时，尽管在字句上袭用了姚诗成语，就是用了今典，也决不排斥他在史实上仍旧以唐事为喻，就是同时用着古典。我们既不能禁止诗人用典，也不能规定诗人用典时，用了汉事就不能用唐事，或者非以古之东战场比今之东战场、古之西战场比今之西战场不可，这个道理十分清楚。

另一位持肯定态度的是治宋史的名家邓广铭先生，其《再论岳飞的〈满江红〉词不是伪作》（1982）针对余、夏二氏的证据一一辩驳，就《满江红》的创作条件与过程而言，邓氏认为，从《鄂王家集》所收文字可见岳飞具有创作《满江红》的才能。他特别举出《家集》和南宋赵彦卫《云麓漫钞》、赵与时《宾退录》等笔记所载岳飞写于军旅途中的一些题记与题诗，其中的语句"按其意境和感情来说，和《满江红》词可以说是属于'无差别境界'的。把这样一些语句加以洗练，并使用虚实并举的手法，重新排列组合一番，用长短句的体裁并写出来，岂不就是那首《满江红》吗"？兹钞录《云麓漫钞》所载岳飞驻兵常州宜兴张渚镇张大年家时，题于其家厅事屏风上的文字：

> 近中原版荡，金贼长驱，如入无人之境，将帅无能，不及长城之壮。余发愤河朔，起自相台，总发从军，大小历二百余战，虽未及远涉夷荒，讨荡巢穴，亦且快国仇之万一。今又提一垒孤军，振起宜兴，建康之城，一举而复。贼拥入江，仓皇宵遁，所恨不能匹马不回耳。今且休兵养卒，蓄锐待敌，如或朝廷见念，赐予器甲，使之完备，颁降功赏，使人蒙恩，即当深入虏庭，缚贼主，蹀血马前，尽屠夷种，迎二圣复还京师，取故地再上版籍，他时过此，勒功金石，岂不快哉！此心一发，天地知之，知我者知之。建炎四年六月望日，河朔岳飞书。

唐圭璋先生称赞《满江红》"直抒胸臆，忠义奋发，读之足以起顽振懦"（《唐宋词简释》），此语亦可评价这篇堪当古文体《满江红》的题记。

当然，我们也可以说，和《满江红》一样，这些后世编写的家乘资料、笔记、诗话中多有传闻甚至虚造，相对于正史，它们属于采信度不高的民间野史稗说。不过有趣的是，正史的编写也会采纳野史遗闻。赵翼《廿二史札记》"《宋史》各传附会处"条中考证金人所立傀儡大齐皇帝刘豫被废的原因，是因为他"进不能取，且屡请兵"，而《岳飞传》却云：

> 飞知刘豫结粘罕，而兀术恶刘豫，可以间而动。会军中得兀术谍者，飞阳责之曰："汝非吾军中人张斌耶？吾向遣汝至齐，约诱至四太子，汝往不复来。吾继遣人问，齐已许我，今冬以会合寇江为名，致四太子于清河。汝所持书竟不至，何背我耶？"谍冀缓死，即诡服。乃作蜡书，言与刘豫同谋诛兀术事，因谓谍曰："吾今贷汝。"复遣至齐，问举兵期，刲股纳书，戒勿泄。谍归，以书示兀术，兀术大惊，驰白其主，遂废豫。飞奏："宜乘废豫之际，捣其不备，长驱以取中原。"不报。

赵翼认为蜡书之事"真所谓牵连附会者也"。此事极具传奇色彩，见载于采自岳家"退卒故校之传，幕僚儒生之纪"的《百氏昭忠录》。《宋史》虽为元人脱脱所撰，但皆据宋人所修国史，"而宋国史又多据各家事状碑铭编缀成篇"（《廿二史札记》《宋史》各传回护处"条）。再如《岳飞传》据《岳鄂王行实编年》叙写岳飞平定洞庭湖寇之役，概云岳家军皆西北人，不习水战，岳飞曰："兵何常，顾用之何如耳！"遂以巨筏、腐木、乱草堵塞港汉，阻碍湖寇的轮舟，再以巨木击毁之。明冯梦龙编撰《智囊》，

廿二史劄記序

甌北先生早登館閣出入承明碩學淹貫通達古今當時咸以公輔期之旣而出守粤徽分枲黔南從軍瘴癘之鄉布化苗猺之域盤根錯節游刃有餘中年以後循陔歸養引疾辭榮優游山水間以著書自樂所撰甌北詩集賦餘叢考久已傳播士林衹貴都市矣今春訪子吳門復出近刻廿二史劄記三十有六卷見示讀之竊歎其記誦之博義例之精論議之和平識見之宏遠洵儒者有體有用之學可坐而言可起而行者也乃讀其自序有質鈍不能研經諸史事顯而義淺冤取爲日課之語其鶵謙自下如此雖然經與史豈有二學哉昔

清嘉庆五年刊本《廿二史札记》书影

将此节编入"兵智部"，又称此计出于湖南运判薛弼，感慨道："从来名将名相，未有不资人以成功者。"按薛弼献计之事，见诸其侄薛季宣《浪语集》中《待制伯父弼事略》，邓之诚《骨董琐记·三记》"岳飞别记"条有详述。

所以，当我们回顾《满江红》真伪之辩时，就会涉猎许多野史中的岳飞轶事。正是这些轶事使得事件和人物具备了"丰富性"和"真实性"，恰如刘鹗[①]《老残游记》中所云："野史者，补正史之缺也。名可托诸子虚，事须证诸实在。"《满江红》是真是伪，或许谁也不能下一断论，如果不起古人于地下或穿越时空，我们永远不可能抵达历史的现场，"又谁见之，而谁证之也哉"（黄宗炎《周易寻门余论》）。所谓的"历史"只能从文献和遗物中探知，而久远的历史多是后人的传抄与叙述。这些传抄甚至假托之中往往包含了选择或愿望，叙事甚至虚构当中也有着阐发或寄托。和文学一样，历史叙事离不开虚构，而历史的意义也借此呈现。即便是学术考据本身，也只是提供一套技术与逻辑，帮助我们更加科学地释读历史文献，本质上都是对历史的再现与解释，更何况文献研究与历史研究虽不可分，但决非一事。大概《满江红》真伪之辩的真正意义，就在于启发我们如何理解历史吧。

---

① 刘鹗（1857—1909），江苏丹徒（今江苏镇江）人，清末小说家。

阮元与镇江人的书

清人梁章钜《楹联续话》卷三《佳话》记阮元书写楹联鼓励镇江盐商包氏出资刊刻宋元《镇江志》之事：

镇江有某鹾商，欲求阮芸台师书楹帖，师未许也，而某商愈欲得之。师令人语之曰："我有两部旧书，应归镇江人刊行。如肯成此美事，必书楹帖以报之。"某商首肯。师即日以七字联句奖之云："古籍待刊三十载；旧闻新见一千年。"跋云："嘉庆间，余得宋嘉定、元至顺《镇江府志》两部，皆《四库》未收之书。曾经进呈，得蒙恩鉴，因以底本贮之焦山书藏。三十余年，无过而问者。岁辛丑，丹徒包怡庄学兄请付枣梨。镇江之书，归镇江人珍护，甚善。不意归田老眼，尚见此书之成，乃知书之行世，及刊书之人，迟早皆有福命焉。因喜而记之。节性斋老人阮元撰并书，时年七十有八。"闻此书近已刻成一部，其一部亦已开雕矣。

梁氏所记趣闻轶事，未见载于清人张鉴等所编阮元年谱《雷塘庵主弟子记》。南宋嘉定和元至顺年间修撰的《镇江志》是中国古代方志珍本秘籍，阮元《校刻宋元镇江府志序》(《揅经室再续集》二集卷二）称两书为乾隆六十年（1751）宣城张泰所赠，嘉庆间进呈内府时校录两份副本，一份藏于阮元家中的文选楼，另一份藏于嘉庆十八年（1813）他在镇江创建的"焦山书藏"藏书楼（见《雷塘庵主弟子记》卷四），"以待有志者刊之"。阮元曾分别为两《志》作《提要》，收入其《四库未收书提要》，道光二年（1822）编入阮元《揅经室外集》卷一。丹徒盐商包氏刊刻之时为道光二十一年辛丑（1841），次年完工，距阮元校录两《志》已达三十载。南宋嘉定至清道光朝虽六百多年，然阮元《嘉定镇江志二十二卷提要》曰："镇江自六朝以后，递为重地，南渡以前之遗文坠典，如唐孙处元《图经》《祥符图经》《润州集类》《京口集》之类，世无传本，借此以存崖略，零圭碎璧，尤可宝惜。"故以其中保存唐代地志文献而言，足当千年。刊刻之时，阮元又命门人刘文淇、刘毓崧父子"重加校正"，"详考全书体例及所征引各书，正其讹误，作为《校勘记》四卷附刻于后"，并代他撰写《校刻宋元镇江志府序》。今此《序》并刘氏《宋元镇江志校勘记序》皆收于刘氏《青溪旧屋文集》卷五。刘氏《校勘记序》记载阮元特命刘氏校勘时不必因为自己《揅经室集》所收二《志》的《提要》文字在前，就"有所牵就，总期实事求是，不为凿空之谈"。其鼓励后学严谨治学，纠正前人谬误的态度于此可见一斑。

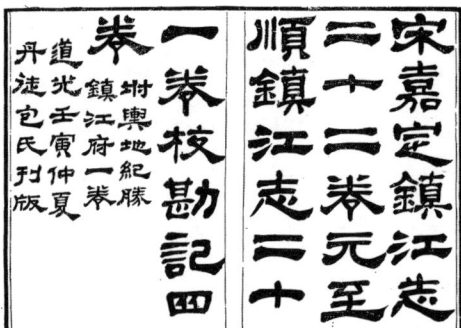

道光二十二年丹徒包氏刊本宋元《镇江志》书影

此则楹联佳话传播甚广，但其中深意尚可推考。阮元强调"镇江之书，归镇江人珍护"，并刻意向镇江盐商募资刻书，一则主张地方负有保护地方文献的责任，一则对镇江富人不热心刻书事业心存不满。此可旁证于他与镇江学人柳兴恩[1]的轶事。南京大学中文系陈中凡[2]教授藏《阮芸台致汪喜孙函》一纸（《南京大学藏近现代名人手迹选》，南京大学出版社2012年版），中有云：

---

[1] 柳兴恩（1795—1880），江苏镇江人，清代学者、文学家。
[2] 陈中凡（1888—1982），江苏盐城人，中国古典文学学者。

丹徒柳公《谷梁》学甚好，上冬过江来送此稿，看约有五六本书。元为作序，大旨以为善于经，近于孔。现在柳公在扬已刻其前卷，大约刻资难集耳。镇江人钱甚多，而不肯助人刻书，此亦命也，即书亦有命也。

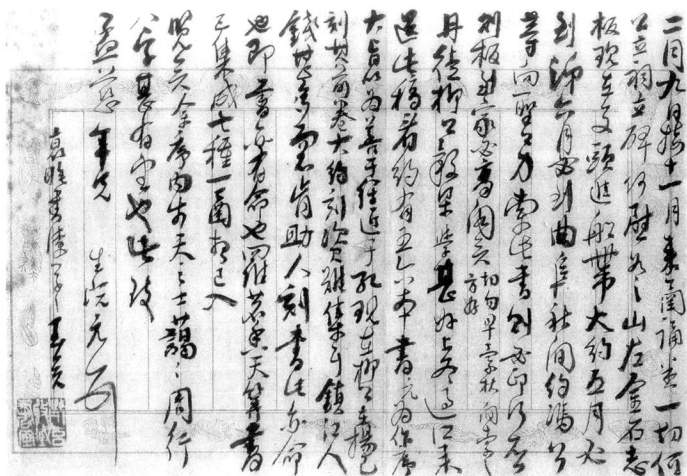

陈中凡教授藏《阮芸台致汪喜孙函》

丹徒柳公即柳兴恩，字宾叔，号润江，道光十二年（1832）举人，生平见《清史稿·儒林传》等，著有《春秋谷梁大义述》，极为阮元称道，亲为作《镇江柳孝廉春秋谷梁传学序》，并延柳氏馆于家中。阮元在序中感慨自己编纂《皇清经解》一千五百卷，唯独未能收集清代有关《春秋谷梁传》的研究著作，"道光十六年，始闻有镇江柳氏学《谷梁》之事。二十年夏，柳氏（兴恩）挟其书渡江来，始得读之……余甚惜见之之晚也。亟望礼堂写定，授之梓人，补学海之阙文，与海内学者共之，是余老年之一快也。兴恩为余门生之门生，贫而好学，镇江实学敦行之士也"（《揅经室再续集》一集卷一，按《皇清经解续编》本删去"兴恩"以下文字）。柳氏所编《雷塘庵主弟子记》卷八"道光二十年庚子"亦载阮元对自己的知遇之事："八月，公自订《揅经室再续集》，以《谷梁传学序》冠其首。……丁未岁（道光二十七年），公延兴恩馆于家，为诸孙及外孙授经。"阮元得睹柳氏著作，阮序云在"二十年夏"，《致汪喜孙函》则云在"上冬"，此当是记忆有误差，但皆当在道光二十年，是年阮元七十七岁。恰恰在道光二十一年，柳氏的著作在扬州已刊刻前卷，但刻资筹集困难，难以为继。所以阮元既感叹"镇江人钱甚多，而不肯助人刻书"，又欣慰地看到镇江人终肯捐资刊刻"镇江之书"，可谓悲喜交集。

柳兴恩于元至顺《镇江志》的整理亦有贡献。阮元在《校刻宋元镇江府志序》中特别表彰了柳氏的考据之功："至顺《志》则不知出于谁手，适丹徒柳宾叔孝廉（兴恩）以书来告，谓检《镇江府志》成化旧序，知至顺《志》为俞希鲁所作。余按：俞氏乃元末遗老，为金华宋濂所推，若非详撰此《志》，乌知俞氏之学精密若是？则刻书洵有功于古人也。"

现代国学大师、南京大学史学奠基人柳诒徵①先生《我的自述》云："我有一族祖宾叔公（柳兴恩），是我父亲的业师。他的年龄八十六岁，我生的第二年他才去世。"（柳曾符、柳佳编《劬堂学记》）据武黎嵩《柳兴恩与〈谷梁大义述〉》（《古籍研究》2012年第1期）一文考证，现存柳氏《谷梁大义述》只不过是其所撰百卷本《谷梁春秋通义》的长编大纲，在其生前的道光年间仅刻成一卷，现藏国家图书馆（按，此当即是阮元所云"在扬已刻其前卷"者），光绪间又有重刻，而百卷本《谷梁春秋通义》则毁于咸丰年间太平军攻打镇江之兵火。直至光绪十三年丁亥（1887），镇江学者陈庆年②整理柳氏《谷梁大义述》遗稿为三十卷，次年刻入江阴南菁书院本《皇清经解续编》之中，此时柳氏已去世七年。世运遭遇如此，岂非"书亦有命"耶？

---

① 柳诒徵（1880—1956），江苏镇江人，中国历史学家、古文献学家。
② 陈庆年（1862—1929），江苏镇江人，中国近代学者。

《全唐诗》的隐秘

2023 年的夏天，动画片《长安三万里》上映，掀起了一股"唐诗热"，听说是高适与李白交往的故事，因此想到我的老师周勋初先生，他的《高适年谱》和《诗仙李白之谜》是创见迭出的学术名著。秋天的时候，南京大学古典文献研究所庆祝成立40 周年，举办"《周勋初文集》与传统文史之学研讨会"，我也得以重温凤凰出版社新版《文集》中的这两本书。史料记载高适与杜甫的交往比和李白的多，后来李白随永王璘起兵，兵败系于浔阳狱中。当时驻节扬州，负责平定永王叛乱的淮南节度使高适也没有伸出援手。今年春节回扬州家中，窗外望见大明寺的栖灵塔，想到李白、高适都曾登上此塔留下诗篇，于是便在手机上看了影片，这才发现，正是历史上不存在的事情给了影片虚构的机会——让高适讲述自己与李白之间的隐秘。

人们满足于文学虚构，因为能在其中观照自己，还会迷恋于细节的真实。比如影片中李白初遇高适时，李白的马上驮着一只布包的方匣子。他告诉高适这是他朋友吴指南的遗骨，要安葬到黄鹤楼畔。李白《上安州裴长史书》说他和蜀中友人吴指南同游楚地，吴病死途中，被他葬于洞庭湖畔。游历金陵数年，他又回来用刀剔去吴的筋肉，"裹骨徒步，负之而趋"，向人借钱葬于鄂

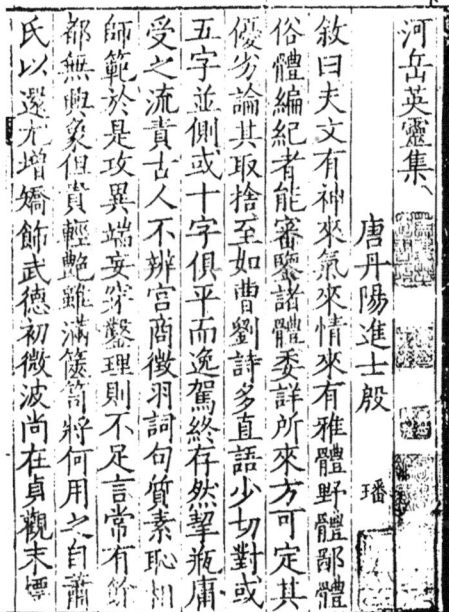

宋刻本殷璠《河岳英灵集》书影

文脉与国运

城（今湖北鄂州）之东。勋初师在《诗仙李白之谜》中考证李白早年生于碎叶，其家族受到西突厥文化的影响；入蜀后又与蛮族杂居，这两个民族都有二次捡骨的丧葬风俗，所以李白才有剔骨葬友的怪异举动。再如影片中以唐诗作为抒情素材，引起了观众极大的共鸣。其中一个细节是高适在军帐的案头翻阅一本名为《河岳英灵集》的书，片尾他又和侍童讨论杜甫的诗为何没有收入其中。这是唐代丹阳（今江苏丹阳）进士殷璠①编选的，收入开元、天宝年间二十四位诗人二百三十四首诗歌，其中就有高适的诗。所以，唐代诗人的作品在他生前就可能被收入各种选集，就像我们在文学刊物上发表作品一样。

不过，唐人读到的唐诗都是抄本，我们读到的大都是宋人的刻本。到了明朝，有人开始汇刻唐代诗集，比如《唐百家诗集》《唐诗二十六家》《中唐十二家诗》《唐诗纪》等，这些书大多编刻于苏州、南京一带。明末清初又出现了编纂全唐诗的壮举。一是浙江海盐人胡震亨编的《唐音统签》，计一千零三十三卷；一是江苏泰兴人季振宜②编的《全唐诗》，计七百十七卷。大家公认这两部书是今天最为流行的清康熙《御制全唐诗》的编纂稿本和参考文本，但这个常识本是一个鲜为人知的秘密，直到在勋初师手

---

① 殷璠（生卒年不详），生活于唐开元、开宝年间，润州丹阳（今属江苏）人，文学家。

② 季振宜（1630—？），江苏泰兴人，清初藏书家。

上才彻底破解。

康熙帝《御制全唐诗序》曰：

> 朕兹发内府所有全唐诗，命诸词臣合《唐音统签》诸编，参互校勘，搜补缺遗。

曹寅《〈御定全唐诗〉进书表》曰：

> 康熙四十四年三月十九日，奉旨颁发《全唐诗》一部，命臣寅刊刻。

乾隆年间编写《四库全书总目》，其《御定全唐诗》"提要"曰：

> 诗莫备于唐，然自北宋以来，但有选录之总集，而无辑一代之诗共为一集者。明海盐胡震亨《唐音统签》始搜罗成帙，粗见规模，然尚多所舛漏。是编禀承圣训，以震亨书为稿本，而益以内府所藏全唐诗集，又旁采残碑、断碣、稗史、杂书之所载，补苴所遗。

上述"所有全唐诗"和"内府所藏全唐诗集"是指皇家图书馆中所藏各种唐人诗集，还是指某人编纂的《全唐诗》一部"呢？直到清帝逊位后，学者可以进入故宫图书馆看书，才发现这是季振宜编的《全唐诗》。但是康熙帝用季书为稿本，为何不提季氏姓名？而四库馆臣写"提要"时，为何又改口说用胡书为稿本呢？这是一个更大的隐秘。

二十世纪七十年代末，勋初师在北京故宫博物院图书馆中发现季振宜《全唐诗》书稿，精心阅读半个多月，又根据明清档案中曹寅奏折等史料加以研究，写成《叙〈全唐诗〉成书经过》，揭开了《全唐诗》的隐秘：康熙四十二年（1703），康熙帝就想用季氏的书稿作为底稿加工成《御制全唐诗》。四十四年（1705），他将季氏的书稿颁发给曹雪芹的祖父、江宁织造曹寅，组织翰林学士彭定求[1]等十人在扬州天宁寺设立诗局，而胡震亨的《唐音统签》已于康熙二十年左右刊刻流行，所以康熙帝不必颁发，只命词臣参校胡书。四十四年四月，康熙作《御制全唐诗序》，自称"得诗四万八千九百余首，凡二千二百余人"。所以，正是有了季书做底稿，曹寅等人只用了一年半左右的时间，到康熙四十六年（1707）就刻成全书。而他们之所以掠人之美且掩盖事实，是因为政治上的忌讳，即季氏的《全唐诗》是在钱谦益[2]依据《唐诗纪事》所编唐诗残稿的基础上编纂的。季氏《唐诗叙》中说钱谦益曾根据明代吴琯等所编《唐诗纪》，"欲集成唐人一代之诗"，但没有完成，自己从钱氏族孙钱曾手上得到半残之稿，再加增补。由于钱谦益为南明降臣，辞官回乡后又从事反清复明活动，乾隆帝将他列为贰臣，禁毁其书，因而连带季氏的书也遭受沉湮的命运。

---

[1] 彭定求（1645—1719），长洲（今江苏苏州）人，清代学者。
[2] 钱谦益（1582—1664），江苏常熟人，明末清初文学家。

全唐詩

校閱刊刻官

通政使司通政使臣曹寅

校對官

翰林院侍讀臣潘從律

翰林院侍講臣彭定求

右春坊右中允兼翰林院編修臣楊中訥

左春坊左贊善兼翰林院檢討臣沈三曾

日講官起居注左春坊左中允兼翰林院編修臣汪士鋐

翰林院編修臣徐樹本

翰林院編修臣車鼎晉

清康熙四十四年至四十六年扬州诗局刻《御制全唐诗》书影

存世的季氏《全唐诗》稿本有三种，勋初师另有《季振宜〈唐诗〉的编纂与传流》一文专作考述。抗战期间张元济、郑振铎等组成"文献保存同志会"，在日寇占领的上海为国民政府抢救古籍。1941 年从民间购得季氏《全唐诗》的草稿本，现藏台北"中央图书馆"。季氏的誊清本后来可能由顾炎武的外甥、内阁学士徐乾学①购得呈进内府，此即《御制全唐诗》的稿本，上面既有季氏的手迹，又有扬州诗局词臣们的手迹。后来流入民间，清末时被群碧楼主人邓邦述②收藏，1940 年被郑振铎购得，现藏国家图书馆。《全唐诗》编成后，扬州诗局又将季氏的稿本誊清一份呈进，题为《御定全唐诗》，现藏北京故宫博物院图书馆。

2009 年，扬州广陵书社用线装影印的方式复制了扬州诗局《御制全唐诗》初刻本，以勋初师《叙〈全唐诗〉成书经过》为序，发行一百五十套珍藏版，向人们呈现清代扬州雕版印刷的精品。2011 年，勋初师将书社赠他的一套捐给了南京大学文学院。

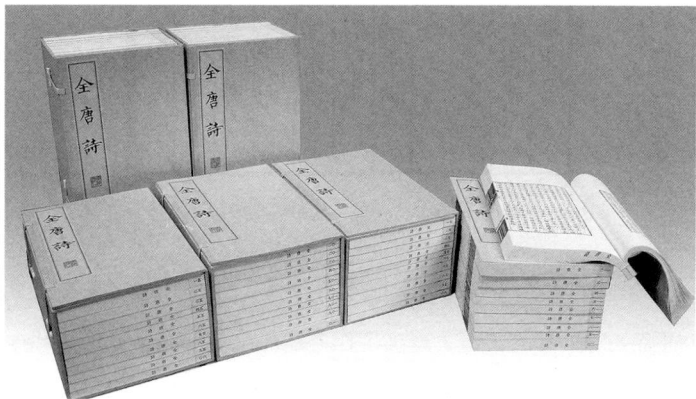

广陵书社复制《全唐诗》初刻本部分书影

---

① 徐乾学（1631—1694），昆山（今属江苏）人，清代学者。
② 邓邦述（1868—1938），江苏南京人，近代诗人、藏书家。

《全唐诗》成书已有三百多年，它为后人整理和研究唐诗奠定了坚实的基础，其成书的过程也告诉我们，唐诗的收集、整理是一个需要许多学者不断接力的工作，任何号称"全编"的唐诗文献，都是相对于前人的工作而言的，无法求全责备。汉字中的"全"有两种写法，一作"全"，指完全，段玉裁《说文解字注》曰："从工者，如巧者之制造必完好也。"一作"全"，指颜色纯粹的玉，段玉裁引《周礼·考工记》"天子用全"为证。就完全而言，《全唐诗》以传世的唐诗文献为主，而刊行之后，清代学者朱彝尊就开列了《全唐诗未备书目》达 149 种。而对非唐诗文献如史传、小说、诗话、方志、佛道文献、域外汉籍；出土文献、文物如题壁、墓志、敦煌遗书、唐窑瓷器中的唐诗更是缺乏搜集。比如韦庄反映唐末战乱的长篇叙事诗《秦妇吟》，在他生前就禁止家人编入集中，其抄本被法国人伯希和在敦煌发现，后应王国维先生要求，从巴黎图书馆抄录寄回，这才重见于世。所以唐诗的补辑是一项未尽的工作。就纯粹而言，无论抄本还是刻本中都有文字的差异或讹误。2019 年春天，我和几位朋友陪同法国汉学家汪德迈先生（Léon Vandermeersch，1928—2021）在巴黎国家图书馆观看敦煌经卷，见到唐抄"皇帝侍文李白"的诗卷，《黄鹤楼送孟浩然下惟扬》中"孤帆远影碧空尽"一句就写成"孤帆远映绿山尽"。还有将宋元人的诗误收为唐诗的。莫砺锋师曾写过《〈唐诗三百首〉中有宋诗吗》一文，考订张旭那首脍炙人口的《桃花溪》原来是宋代书法家蔡襄的诗。即便是现代学者们补辑《全唐诗》的著作，也会出现许多失误，比如将王安石和欧阳修的诗误收为张旭的诗，等等。所以唐诗的考订也是一项未尽的工作。相较于补辑工作而言，考订的精审可能更为重要，因为唐诗中的大部分，特别是佳作名篇早已传诵于世间，因而考订文字对唐诗的理解、研究更为重要。

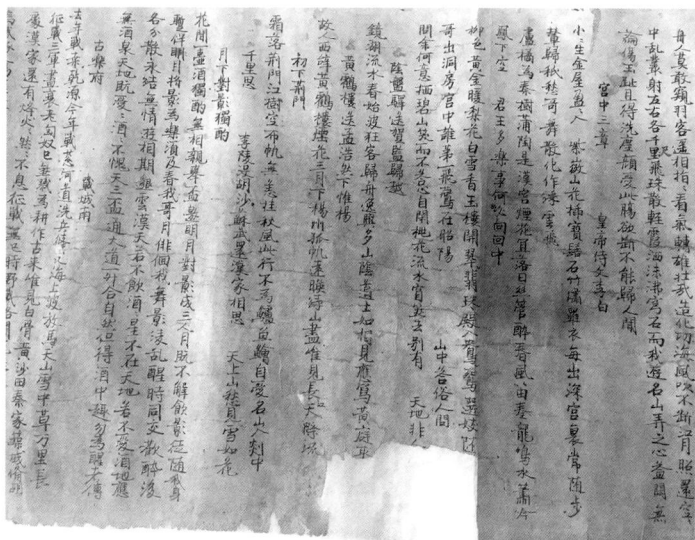

法国巴黎国家图书馆藏敦煌李白诗卷抄本（局部）

　　三百多年来，古今中外的学者补辑、考订《全唐诗》的论著层出不穷，硕果累累。二十世纪三十年代，闻一多先生就倡议编修一部新的《全唐诗》。1993年，受教育部全国高校古籍整理与研究工作委员会委托，勋初师与傅璇琮、郁贤皓、吴企明、佟培基等先生联合高校和学界唐诗研究的力量，共同主编《全唐五代诗》，收录诗人、诗歌均大幅增加，而在综合前人成果、取舍新材料、考订校勘等方面后出转精。初盛唐部分已于2015年由陕西人民出版社出版。中晚唐部分也将告竣，九十五岁高龄的勋初师仍在指导着编纂工作。

钱牧斋有一座藏书丰富的绛云楼，顺治七年（1650）某个冬夜，他的幼女与奶妈在楼上嬉戏，打翻了火烛，藏书遂付之一炬。钱氏将残存的书籍交付给钱曾，所幸其依据《唐诗纪事》所编唐诗的残稿也在其中。钱曾有述古堂藏书，他将重复收藏的宋版书售与季振宜（《述古堂藏书自序》），此稿当在出售之列。季振宜编有《季沧苇藏书目》，嘉庆年间苏州藏书家黄丕烈①整理刊刻此书，书目下凡注有"牧翁题跋"处，"牧"字皆代以墨钉，由此可知季振宜所购书中，有钱谦益的旧藏；亦可见乾嘉时期对钱氏的文字禁毁甚严。钱曾的《读书敏求记》是善本书目解题的名著。他在宋刊《高常侍集》的影摹本解题中感叹自己"抱断编残简，栖迟于鱼蠹之中，闲房良夜，静言思之，吾家典籍，异日传于不知何人"。从我们这些异日之人看来，这样的抱持与栖迟，正是一种可贵的文化精神。

---

① 黄丕烈（1763—1825），吴县（今江苏苏州）人，清藏书家、校勘学家。

清雍正六年濮梁延古堂刊本《读书敏求记》书影

（本文于 2024 年 3 月 8 日在《现代快报》"江苏文脉"微信公众号上推出，11 日晚先生遽归道山。13 日《现代快报》刊出该报的悼念文章《学界泰斗周勋初逝世》和本文。）

浴火重生的传世之作

 1932 年 1 月 29 日凌晨 4 时 20 分，黄浦江上的日军第三舰队水上飞机母舰"能登吕号"（NOTORO）用吊车将带弹的战机放至水面起飞，轰炸上海闸北。经过上午至下午的三次轰炸，炸弹击中了攻击计划中的商务印书馆，火焰蔓延至所属东方图书馆，至次日下午，号称中国第一出版机构和亚洲第一图书馆连同其中珍藏的 46 万册古籍和 30 多万册中外图书化为断垣灰烬。在中国近现代历史记忆中，这是自 1860 年英法联军焚烧圆明园以来，中国遭受的又一次巨大的文化劫难。灰烬之中，有一部编纂中的书稿，这就是汪荣宝先生的学术名著《法言义疏》。

 《法言》的作者是西汉大儒和文学家扬雄，他有着强烈的古典主义倾向。我的太老师胡小石先生说他是模拟文学的倡始人，比如他的《太玄》拟《周易》，《法言》拟《论语》，《方言》拟《尔雅》，《反离骚》拟《离骚》，《猎赋》《长杨赋》拟司马相如《子虚赋》《上林赋》(胡小石《中国文学史讲稿》)。周勋初师认为扬雄"以学问代替才情,以摹仿代替创造"(周勋初《文史探微》),由于行文艰深,汉人就已经为他担忧。有一天大学者刘歆看了《太玄》和《法言》后,对扬雄说:"吾恐后人用覆酱瓿也。"不过扬雄确是一位好学深思、学问很大的人,他对这样的话笑而不应。等到东汉班固在《汉书》里给扬雄立传时已经说:"自雄之没至今四十余年,其《法言》大行。"(《汉书·扬雄传》)

扬雄自称《法言》"象《论语》",但《法言》的文字却一点不像《论语》那么隽永生动,所以苏东坡说他"以艰深之词,文浅易之说"(《答谢民师书》)。不过司马光却对《法言》十分推崇,认为扬子"潜心以求道之极致",其文"简而奥","故难知"(《法言集注序》)。于是司马光将当时尚存于世的晋代李轨,唐代柳宗元、宋代宋咸、吴秘的四家注和无名氏《音义》汇集起来,加上自己的注解,编为《法言集注》。

《法言》的近现代知音是汪荣宝先生,他的《法言义疏》不仅是继司马光之后的又一《法言》注释,而且至今无人超越。黄侃先生称赞道:"杨子之书历千载而得先生为之疏释,皦然如晦之见明。"(《法言义疏后序》)不过,《义疏》虽是他的"名山事业",但他在中国近现代史的主要身影是著名的政治与外交人物。

汪荣宝先生字衮父,1878年出生于江苏吴县(今苏州)的一个官宦和学术世家。大伯父凤池、父凤瀛、四叔凤梁皆官至知府，二伯父凤藻为光绪间出使日本的大臣。先生是家中长子，叔伯兄弟当中，森宝（凤池长子）、乐宝（凤瀛次子）、杨宝（凤梁次子）都出仕于光、宣二朝；汪东（凤瀛三子）①曾留学日本早稻田大学，后师从章太炎，参加同盟会，1928年任国立中央大学中国文学系主任，1949年后曾任江苏省政协常委、民革中央委员。汪荣宝先生十六岁入江阴南菁书院读书，师从大儒黄以周，自云"幼承庭诰，粗解篇翰。周汉儒书，尤所耽慕。长游大师之门，私淑先贤之绪"（《法言疏证叙录》）。二十岁入选元和县拔贡生，次年朝考入兵部。1900年，八国联军侵入北京，他就读南洋公学。1901年留学日本早稻田大学、庆应义塾等处，研习历史及法政，其间参与创办《苏学会》杂志、参加拒俄运动。1904年仍回兵部并执教京师译学馆，讲授近代史。1911年担任协纂《宪法》大臣。民国初曾任临时参议院和国会众议院议员，协助袁世凯处理清廷逊位、南北议和等事务。1914年出任中华民国驻比利时公使。1915年回国担任《中华民国宪法》起草委员会委员。1919年出任驻瑞士公使。自1922年至1931年，出任驻日本公使达十年之久。1931年春，"东三省难将作，君上书告变，外交部以为妄"（章太炎《故驻日本公使汪君墓志铭》）。同年7月，日本制造万宝山事件，煽动朝鲜排华运动，先生受国民

---

① 汪东（1890—1963），原名东宝，吴县（今江苏苏州）人，现代文学家、书法家、学者。

政府委派，赴朝鲜调查，因不满政府的外交软弱而辞职。后任张学良驻北平行营参议、外交委员会委员。同年九一八事变发生，他力主抵抗，与张学良政见不合，"自是不复论国家事"（章太炎《故驻日本公使汪君墓志铭》）。

南菁书院遗址，今江阴高级中学

仕宦生涯中的汪荣宝先生治学不辍。1903 年，他与叶澜合编出版《新尔雅》；执教京师译学馆时，编写《本朝史讲义》，经清朝学部审定改名《中国历史教科书》（商务印书馆 1909 年出版），民国后更名《清史讲义》（上海商务印书馆 1913 年出版）。著有《思玄堂诗集》《金薤琳琅斋文存》；《汪荣宝日记》（稿藏北京大学图书馆，有天津古籍出版社 1987 年影印本和凤凰出版社

2014年点校本）。上述五种皆刊入沈云龙主编《近代中国史料丛刊》（台湾文海出版社）。

1895年，汪荣宝先生在南菁书院读书时，就开始撰写《法言笺记》。1898年戊戌变法失败，他"忧思慷慨，形诸咏歌。时先从祖辈皆官京师，戒君慎言，君由是壹意著书，研精象数，继复取曩所为《法言笺记》，排比增辑，成《疏证》十三卷"（《汪荣宝先生哀启》）。1911年刊印后，他又不断地校阅修订，担任驻日公使期间，与游历日本的乡贤前辈、文献学家胡玉缙①就《法言》多有讨论。1931年夏，先生归国辞职，遂绝意政治，寓居北平，遂赓续旧稿并与回国居北平的胡玉缙往复商榷，加入李轨旧注，撰成《法言义疏》约八卷，自1931年底陆续寄上海商务印书馆编辑。闸北被炸后，他凭记忆重新撰作，直至1933年6月30日完成全部二十卷书稿，因积劳成疾，心脏病发作，稿成两日后即一病不起，十八日后与世长辞。而此时日寇的兵锋已经逼近北平，"热河告陷，长城要隘以次失守，日军浸逼塘沽，居民尽徙。君宴处不惊，执笔覃思如故。会八叔父（汪东）书来问状，君报书曰：'以常识度之，北平必无患，且吾万一殉难，未成之稿以累弟矣。'"（《汪荣宝先生哀启》）同年10月左右，《法言义疏》刊行，由胡玉缙先生作序，黄侃先生作后序。1984年中华书局"新编诸子集成"刊出点校本。

---

① 胡玉缙（1859—1940），江苏元和（今江苏苏州）人，近现代文学家、学者。

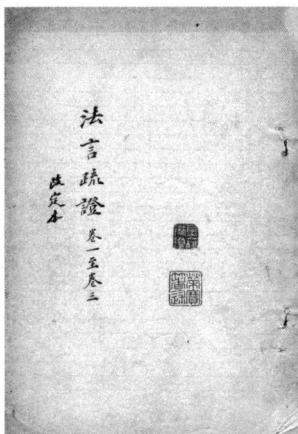

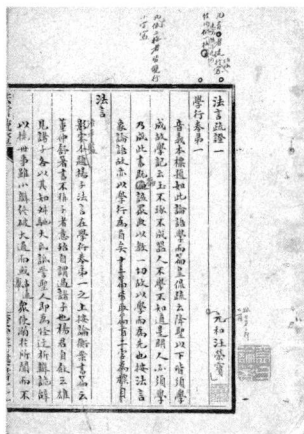

汪氏家藏《法言疏证》手稿

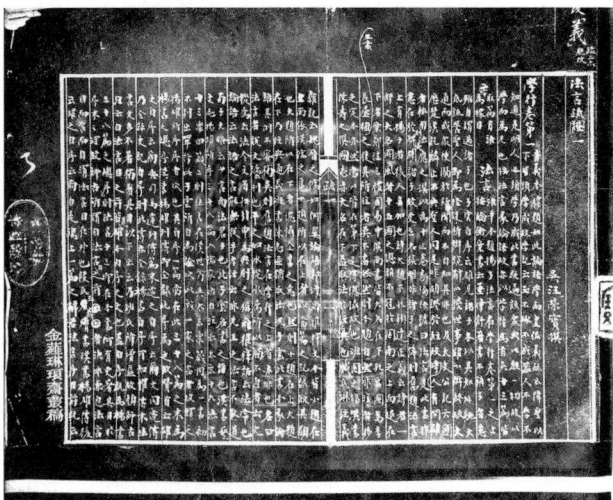

国家图书馆藏《法言疏义》残稿晒图本

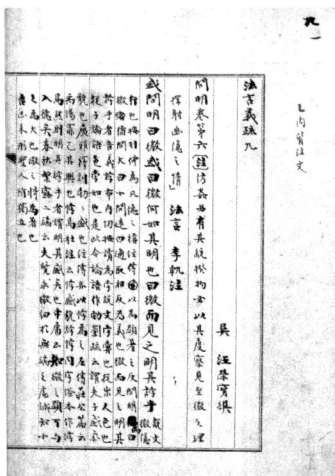

汪氏家藏《法言义疏》残稿

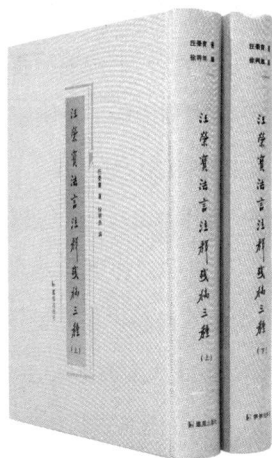

徐兴无编《汪荣宝法言注释三种》（凤凰出版社 2017 年版）

汪荣宝先生的四子缋熙先生亦留学日本，抗战期间曾主持国民政府新闻局驻法办事处，1949年赴台湾担任政治和外交事务官员，后任教台湾东吴大学、台湾中国文化大学。他曾编纂《思玄堂诗》《金薤琳琅斋文存》等，携有先生手稿多种赴台。2013年，我去台湾参加学术会议，拜访了缋熙先生的长女、原台湾"中央"电影公司导演汪莹女士和次女、原台湾政治大学新闻系汪琪教授。受其惠赐，得其家中所藏《法言疏证》残稿（第一至八卷）和《法言义疏》残稿（第九至二十卷）的电子扫描件。2016年，我在国家图书馆发现汪荣宝先生《法言疏义》残稿（第一至八卷）的照片晒图本。经核对，这部名为《疏义》的残稿正是《义疏》的初稿。我这才明白《法言义疏自序》中所说的话："闸北之变，余稿燔焉。而德意志汉堡大学闻余有是作，介北海图书馆来请分惠。不得已，举残稿写真数卷付之。"北海图书馆即国立北平图书馆，今文津街7号国家图书馆古籍部，"残稿写真卷"，或因战乱未能寄达汉堡大学。正是有了第一至八卷的初稿，先生才能在一年多的时间里"严订程课，为之不辍"（《自序》），续成第九至十二卷，并更名为《义疏》，真可谓不幸中之万幸。近刊樊昕先生所译日本桥川时雄《民国时期的学术界》（［日］高田时雄编，北京大学出版社2023年版），其中《天津、济南及长江地方学事视察报告书》曰：

前驻日公使汪荣宝，字衮父，研究小学，善修辞。曾著《法言疏证》十三卷，宣统辛亥印行，最近更事补改，易名为《法言疏义》出版，现商务印书馆正在印刷中。

由此可知，汪荣宝先生交付商务出版的书名原为《法言疏义》，遭毁后续补成书更名为《法言义疏》。

2017 年，我将三种残稿整理之后，定名为《汪荣宝法言注释残稿三种》，交由凤凰出版社影印出版。2018 年 6 月 21 日，汪琪教授及其夫君彭家发教授专程来南京，将家中所藏汪荣宝先生《法言义疏》、《疏证》残稿两种、《金薤琳琅文存》手稿、《本朝史》手稿、《清史讲义》和《思玄堂诗集》排印本各两册以及汪东先生《梦秋词》手稿捐赠给南京大学图书馆。

宦不废学，是中国士人的优秀传统，汪荣宝先生堪称典范。而残稿三种的发现与回归，让一段文脉得以赓续，也让我们看到斯文不坠的机缘与力量。

感物联类

屏风上的女人们

西汉成帝（前51—前7）是一个荒淫的皇帝。班固《汉书·叙传》记载成帝与宠臣们宴饮取乐，帷幄之中张设屏风，上画商纣王"醉踞妲己作长夜之乐"。成帝指着画，对侍中光禄大夫班伯说："纣干坏事能到这个程度吗？"班伯说：《尚书》里面只说他'乃用妇人之言'，哪有在朝堂上如此放肆的？但是他做了坏事，天下所有的恶名都会归集到他的身上。"成帝说："如果他并不像画的这样坏，这幅画又在劝诫什么呢？"班伯说："《尚书》里说纣王'沉湎于酒'，他的哥哥微子因此远遁荒野；《诗经》里嗟叹那些喝醉的人又叫又喊，昼夜颠倒错乱，诗人们为之流涕哭泣。所以，《诗》《书》儆诫淫乱，皆认为根源在于酗酒。"成帝喟然叹道："我好久没见到班生了，今天又听到了正直的话！"在场的宠臣们感到没趣，纷纷更衣离去。

班伯是班固的伯祖父，所以班固将这件家族的史事记载下来。成帝不爱理政，全部委托给舅舅大将军王凤，造成王氏外戚专政的局面。不过他脸皮很厚，臣下们敢于当面指责他，班固说他"容受直辞"（《成帝纪赞》），"性宽，进入直言"（《叙传》）。在成帝宴乐时竟敢张设这样扫兴的屏风，一定是臣下们激进的劝谏手段。班家也算是外戚近侍集团的成员。班伯的妹妹是成帝的高级嫔妃"婕妤"，二弟班斿陪侍成帝读书，三弟班稚是班固的祖父，任黄门郎中常侍。他们都知道成帝淫荡成性，以至于没有子嗣。《汉书·外戚传》载成帝与许皇后"有一男，失之"；"复生一女，失之"。与班婕妤"有男，数月失之"。杨树达先生《汉书窥管》考其原因是"成帝淫，后妃孕时仍行房事"。成帝宠幸侍者李平，立为婕妤，赐姓卫，比之为武帝的卫皇后。后来又封赵飞燕姐妹为皇后和昭仪，专宠十余年，"卒皆无子"。大臣们既担忧王氏专政，又担忧汉室绝嗣。班伯借此机会，表达了大家共同的忧虑。

《史记·殷本纪》写纣王"好酒淫乐，嬖于妇人。爱妲己"。但最接近这个画面的文字并不是《史记》，而是《列女传·孽嬖传》中的描写："好酒淫乐，不离妲己。"只有"踞"才能直接表达"不离"的场景。《列女传》恰恰是成帝的宫廷文化产物，也是中国历史上第一部女性传记。此书的编纂者刘向是楚元王刘交（汉高祖的同父异母少弟）的五世孙，他或许是汉家宗室成员中最有学问的人。其祖、父均为掌管宗室事务的宗正，所以刘向十二岁就入宫做郎官，经历宣、元、成三朝，担任过大夫、宗正、侍中、中垒校尉。成帝最大的优点是好读书，"博览古今"，他命刘向父子等人用二十年的时间校雠、整理皇家中秘藏书，编纂了《楚辞》《战国策》等文化经典，写成目录学著作《七略别录》，堪称中国历史上首次大规模的文脉整理工程。班斿不仅参加了校书工作，而且还得到成帝破例赐予的许多副本，为班氏家

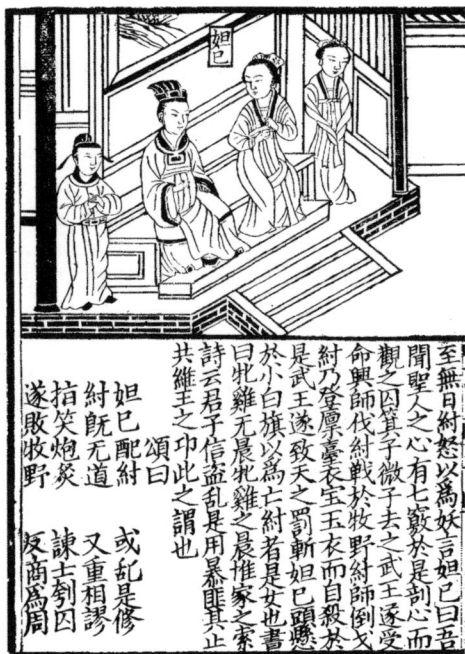

清阮元文选楼刊本《列女传》"殷纣妲己"

族成为文化世家打下了重要基础。班固在《叙传》中自豪地说："家有赐书，内足于财，好古之士自远方至，父党扬子云以下莫不造门。"

楚人有图画的风气。屈子"仰见图画，因书其壁"而作《天问》(王逸《楚辞章句》)；战国长沙子弹库、西汉长沙马王堆出土的帛画皆极精美。汉家出于楚，汉宫中有"画室""画堂"。汉成帝就出生在太子宫中的"甲观画堂"(《元后传》)，上"画九子母"(颜师古注)，即鲁九子寡母故事，见于《列女传·母仪传》。图画不仅装饰宫室，而且具有教化功能。汉宫台省画有列士，"尚书奏事于明光殿，省中画古烈(列)士，重行书赞"(《汉官仪》)。后宫画有列女，以为皇帝和后妃们的榜样或借鉴，所谓"见淫夫妒妇，莫不侧目；见令妃顺后，莫不嘉贵"(曹植《画赞序》)。《外戚传》载成帝某次游于后庭，想与班婕妤(或作"倢伃""捷伃")同辇，婕妤辞曰："观古图画，贤圣之君皆有名臣在侧，三代末主乃有嬖女，今欲同辇，得无近似之乎？"太后闻之，喜曰："古有樊姬，今有班倢伃。"樊姬即指楚庄王夫人樊姬故事，见《列女传·贤明传》。《传》中又载班婕妤作赋自悼曰："陈女图以镜监兮，顾女史而问《诗》。"可见列女故事和图像已成为宫廷后妃的教育内容。台省列士图上"重行书赞"，说明壁画上附有文字与颂赞。

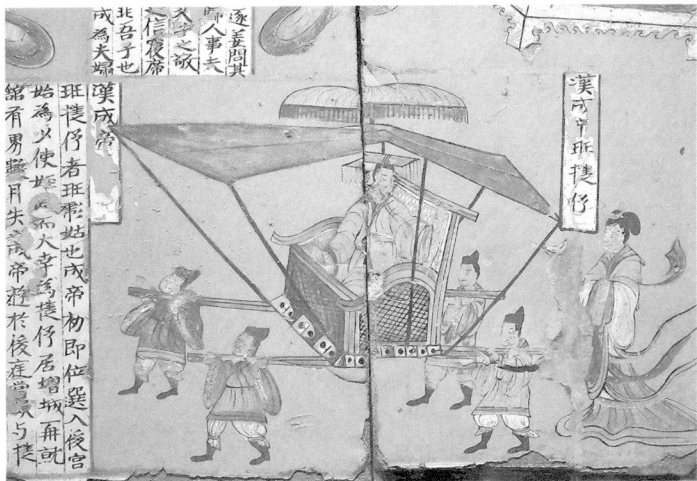

山西出土北魏司马金龙墓中漆屏列女图（局部）"汉成帝班婕妤"

刘向多次犯颜直谏，还专门为成帝编纂了包括《列女传》在内的一系列修身与资政的读本。《楚元王传》载：

> 向睹俗弥奢淫，而赵、卫之属起微贱，逾礼制。向以为王教由内及外，自近者始。故采取《诗》《书》所载贤妃贞妇，兴国显家可法则，及孽嬖乱亡者，序次为《列女传》，凡八篇，以戒天子。及采传记行事，著《新序》《说苑》凡五十篇奏之。数上疏言得失，陈法戒。书数十上，以助观览，补遗阙。上虽不能尽用，然内嘉其言，常嗟叹之。

《列女传》计八篇，包括母仪传、贤明传、仁智传、贞顺传、节义传、辩通传、孽嬖传和颂（《隋书·经籍志》著录《列女传颂》一卷为刘歆所撰）。班固著录于《汉书·艺文志·诸子略》的儒家类，定名为"《列女传颂图》"，当是图文并茂的读本。唐宋类书《初学记》和《太平御览》中保存了一条《列女传书录》的文字：

> 臣向与黄门侍郎歆所校《列女传》，种类相从为七篇，以著祸福荣辱之效，是非得失之分，画之于屏风四堵。

所以，正是刘向等人制作了画有列女的屏风，配上传记和赞颂的文字，让成帝时时鉴戒自省。他们要告诉成帝，这些屏风上的女人们决不是自然欲望的对象，而是一个丰富复杂的文化群体，男女人伦既是道德的基础，也是自然的法则，所谓"君子之道，造端乎夫妇。及其至也，察乎天地"（《中庸》）。

《列女传》在汉代就有很大的影响。东汉宫廷也张设列女屏风。《后汉书·宋弘传》载："弘当宴见，御坐新屏风图画列女。（光武）帝数顾视之，弘正容言曰：'未见好德如好色者。'帝即为彻之。"陈直先生《汉书新证》曰："敦煌汉简校文一零二页，有'□□分列女传书'之残简文，在西汉中晚期，此书已流传于边郡。在东汉时则盛行为石刻画像之题材，如武梁祠画像，有'梁节姑姊''齐继母''京师节女''钟离春''梁高行''鲁秋胡''齐姑姊、楚昭贞姜''王陵母'九事，皆本于刘向《列女传》。"

东汉武梁祠画像石"梁节姑姊"

东汉武梁祠画像石"无盐丑女钟离春"

所以，《列女传》的传播方式是图文并行。就图像而言，除东汉画像石之外，有东晋顾恺之①绢本《列女图》八幅，皆为《仁智传》中人物，上书赞颂文字，宋人摹本现藏北京故宫博物院。又有北魏司马金龙墓中漆屏选画的列女，包括"有舜二妃"等十多幅，上有删节的《列女传》文字，1996年出土于大同石家，现分藏山西省和大同市博物馆。刊本《列女传》也多有插图，如明刊本《古列女图》、汪道昆辑增仇英插图本《古列女传》等，清代阮元文选楼刊《古列女传》的插图摹自南宋建安余氏刻本。

东晋顾恺之绢本《列女传仁智图卷》(局部)(宋人摹本)"曹僖氏妻"

---

① 顾恺之（约345—409），晋陵无锡（今属江苏）人，东晋画家。

明汪道昆辑增仇英插图本《古列女传》"齐宿瘤女"

就文本而言，女性学者包括一些帝后们的解释和续写成为《列女传》传播的重要形式，可参见胡文楷先生《历代妇女著作考》，形成了女性史研究的传统。最早注解《列女传》并续撰的是班固的妹妹班昭。她的丈夫曹世叔早卒，和帝诏其入宫，续写班固未完成的《汉书》并担任后妃们的教师，尊称"大家

（姑）"。《隋志》载"《列女传》十五卷，曹大家注"。其注已亡，散见于古书注解和类书之中；增补续作的部分，一般题为《续列女传》，附在刘向《列女传》后，班婕妤已列在其中。古代学术水平最高的《列女传》校注，出自两位清代女学者之手，即王照圆的《列女传补注》和梁端的《列女传校读本》。她们分别是学者郝懿行和汪远孙的妻子，书中吸收了她们和夫君的讨论以及夫君师友们的观点与校记，包括王念孙、王引之父子等。梁启超《中国近三百年学术史》特别提及两书；《清史稿·列女传》亦以二人合传。1906年，福建人薛绍徽和其夫陈寿彭共同编译出版了中国第一部介绍西方女性人物的《外国列女传》，成为戊戌变法后中国女学运动的启蒙读物。

历史记忆中的牡丹诗会

　　壬寅腊月，朋友自洛阳快递馈寄两盆牡丹，岁末一夜绽放，不意武后腊日宣诏发花之事竟能成真。晚唐《卓异记》仅言武则天命上苑"花须连夜发"，不及牡丹之事，至北宋高承《事物纪原》方云："武后冬月游后苑，花俱开而牡丹独迟，遂贬于洛阳，故今言牡丹者，以西洛为冠首。"明代苏州人冯梦龙《灌园叟晚逢仙女》将此故事发挥为谈资（见《醒世恒言》）；清代李汝珍《镜花缘》又发挥为武后以炭火炙烤牡丹，逼其开放的情节。唐人赏牡丹韵事以玄宗为最，唐李濬《松窗杂录》载玄宗移植四色牡丹于沉香亭，开放之时携杨贵妃月夜共赏，召翰林学士李白作《清平调》三章。不知是何原因，冯梦龙《李谪仙醉草吓蛮书》（见《警世通言》）叙及此事，却说牡丹"是扬州贡来的"。宋代扬州芍药与洛阳牡丹齐名，牡丹亦名木芍药，大概也就混而为一了。

　　牡丹象征太平富贵，但关于它们的叙事多有盛衰之慨，如钱牧斋所云："余观唐人咏牡丹诗，大多托物讽刺。"(《姚黄集序》)唐玄宗赏名花、对妃子之时，正是安史之乱酝酿之际。北宋丢了洛阳的牡丹，又令扬州二十四桥边的红药，"年年知为谁生"，故陆放翁诗曰："洛阳春信久不通，姚魏开落胡尘中。扬州千叶昔曾见，已叹造化无余功。"(《张园海棠》) 若论及扬州的牡丹，确有值得一说的韵事，只不过又是一曲易代兴亡的悲歌。

明崇祯年间某个春天，因朝中倾轧而被削籍回常熟家中的礼部侍郎钱谦益收到扬州影园主人郑元勋①送来的几百首糊名诗作，请予品评。原来影园开放黄牡丹一枝，主人大会词人赋诗，并以黄金觥镌"黄牡丹状元"字赠予冠首。清李斗②《扬州画舫录》载此事在崇祯十六年癸未（1643），嘉庆十五年《重修扬州府志》载此事在崇祯十三年庚辰（1640）。钱牧斋评定黎遂球十首为冠，又和作四首，题曰《广陵郑超宗圃中忽放黄牡丹一枝，群贤题咏烂然，聊复效颦，遂得四首》，第一首曰：

> 玉钩堂下见姚黄，占断春风旧范墙。但许卿云来侧畔，即看湛露在中央。菊从土色论三正，葵让檀心向太阳。作贡会须重置驿（取吾家思公贡姚黄亦兼用置驿之事），轩辕天子正垂裳。

---

① 郑元勋（1598—1645），江苏扬州人，明末画家。
② 李斗（1749—1817），江苏仪征人，清代戏曲作家。

"吾家思公"即北宋大臣钱惟演，其任西京（洛阳）留守时置驿站向东京进贡牡丹，欧阳修《洛阳牡丹记》记有钱思公评语。牧斋之诗在其《初学集》中，但邓之诚《清诗纪事初编》、钱仲联《清诗纪事》均不载其本事。崇祯间郑元勋刊印题咏之诗为《影园瑶华集》三卷，计收黎遂球、冒襄（字辟疆）[①]等十八人诗作。牧斋又为之作《姚黄集序》，亦在《初学集》中。黄裳《影园遗事》(《掌上的烟云》) 云原刻已不存，现存刊本两种为乾隆年间元勋之孙开基增辑重刊，一有钱《序》，一有杭世骏《序》，当是其时牧斋诗文已被封禁，遂另请杭氏撰写。

郑元勋，字超宗，崇祯十六年癸未（1643）进士，原籍安徽。其父郑之彦为扬州盐商巨贾，赞助文士，有"儒林丈人"之称，有四子元嗣、元勋、元化、侠如，俱名当世。元勋擅画山水，延请计成营构影园。《扬州画舫录》载："园之以影名者，董其昌以园之柳影、水影、山影而名之也。"崇祯十七年甲申淮扬守将高杰欲进驻扬州，民众畏兵不纳，高杰攻城日急。元勋身诣杰营，责以大义。高杰为退兵五里。后因守城士兵射杀高营兵士，高杰再次攻城，扬州士民误以为元勋通敌，遂加杀害。兵部尚书史可法上《悍民惨杀乡绅请加抚道臣处分疏》奏明其事，明廷追授元勋兵部职方主事。黎遂球，字美周，番禺（今广州）

---

① 冒襄（1611—1693），江苏如皋人，明末清初遗民诗人。

人，崇祯初年进士，有《莲须阁集》。钱海岳[①]先生《南明史》载黎氏曾破产打造兵器赠送史可法。南明隆武帝即位，授职方主事，援守赣州，城陷不屈被杀，谥"忠烈"。郑、黎二人皆死国难，故杭世骏序曰："美周毁家纾难，毕命虔州，与职方后先辉映。"

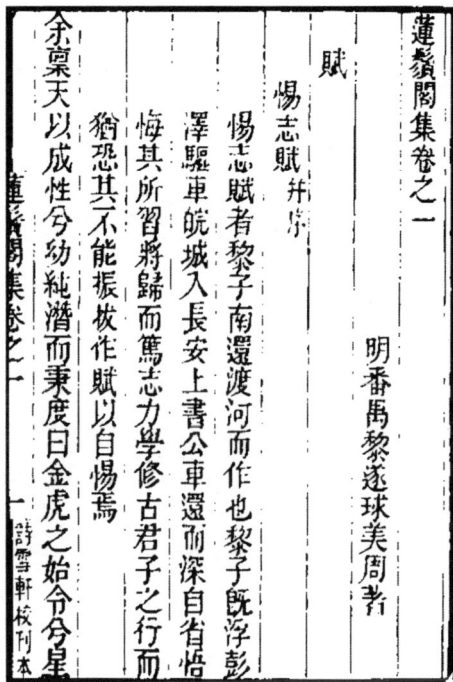

清道光二十年刊"粤十三家集"本《莲须阁集》书影

---

① 钱海岳（1901—1968），江苏无锡人，中国近现代历史学家。

清末民初，明清易代的历史记忆又被唤醒，成为推翻清廷的号召，如无名氏作《黄牡丹状元歌》，中云："又闻美周殉闽藩，金鲑不及老瓦盆。冰霜高节犹轩轩，我曹何处招花魂，欲图日月五星幡。"（李坦主编《扬州历代诗词》）民国以来，影园遗事遂多为人知。

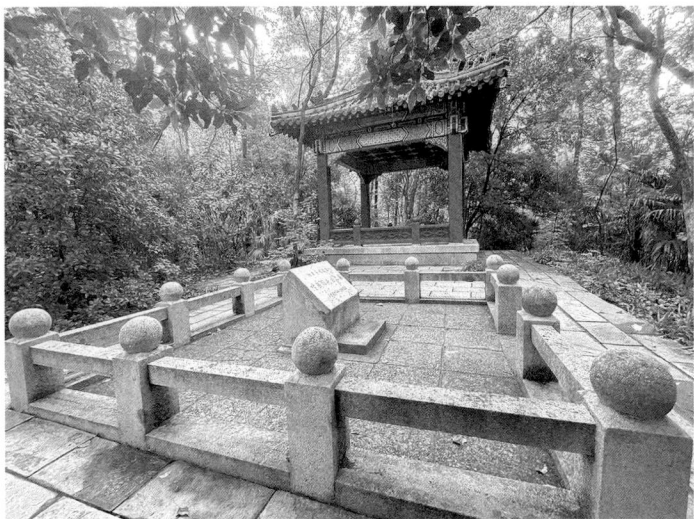

1924年叶恭绰先生应孙中山先生之请，出任广州陆海军大元帅大本营财政部长。为表达对中山先生的景仰之情，1932年，叶恭绰先生在中山陵旁捐建仰止亭。1968年叶恭绰先生逝世后，遵其遗愿安葬于亭之西侧

黎遂球的同乡叶恭绰先生收集相关文物、文献至为用力。先生字玉甫，号遐庵，别署矩园，为中国现代著名政要名流、学

者、书画家、收藏家。检阅张剑、徐雁平、彭国忠主编"中国近现代稀见史料丛刊第六辑"之《叶恭绰全集》（王卫星整理，凤凰出版社2019年版），录出数条以广见闻。其中《矩园余墨》有《清钱牧斋先生行草手卷跋》曰：

> 此为甲申前一年牧翁所书，阅者不无彦回老寿之感。卷中《郑超宗黄牡丹》诗即黎美周牡丹状元故事，当时评定甲乙者，亦牧翁也。郑、黎皆殉国难，吾乡梁子春诗云："闻道扬州郑子真，杀身亦已共成仁。可怜宾主皆奇节，只愧当年校艺人。"可为增叹。卷中诸作是否已入集中，暇当一勘。民国三十年七月二十四日晨起展观因题。超宗画法得董宗伯之传，余曾见友人处山水一帧，苍秀似杨友龙，今时流竞赏《媚幽阁文娱》，然能明其身世节行者鲜矣。

按，梁子春即梁梅（1788—1838），顺德人，清道光年间贡生。《莲须阁集》为其春堂藏书，后刻入粤雅堂"粤十三家集"。

又《影园诗稿跋》中言：

> 前年余见郑超宗画于吴门，为友人道其历史，因广搜超宗事迹，成一长歌。旋于吴门复见超宗画幅，更胜前者。近日杂志复颇称颂超宗所著《文娱》之幽隽，于是超宗渐为世所知。今复于沪肆得此二册，亦巧事也。此书当已绝版，故极罕见。后此得者宝之。中华民国二十三年六月。

又题《明末南园诸子送黎美周诗卷》^①曰：

> 莲须壮气杳云霄，饯别留题比大招。名士倾城同命笔，
> 风徽能不忆张乔。

> 此卷乃南园诸子为黎美周饯行之作，中有张二乔一绝，
> 孤本亦绝作也。旧为黄晦闻所藏，矜秘不示人。黄殁，王秋
> 湄介为余有。

南园为明代广东前、后五子赋诗聚会之地，清末屈向邦《粤
东诗话》："明末陈秋涛等又重启南园旧社，并与黎洞石诸人各
和黎美周《黄牡丹诗》十首，附以美周原作为一卷，名曰《南园
花信》。"此亦附刻于清陈文藻编《南园后五子诗集》。

又题《明黎美周送区启图山水册页》曰：

> 惊心一片好河山，不是扬州赋牡丹。歌席沉吟牵别恨，
> 晴眉几点写烟鬟。

> 此二页峰峦浑厚，纯类大痴，自题素霞捧砚，可想牡丹
> 状元风致。莲须画真迹世间仅此而已。大节多能，能不令人
> 追慕。余别有其所绘黄牡丹，则恐出依托矣。款间署"晴
> 眉"二字，美周阁名也。

---

① 按，《矩园余墨》还有《明末南园诸子送黎美周北上诗卷跋》《题明末陈
子壮等送黎美周诗卷其二》，文长不录。

遐庵所云"广搜超宗事迹，成一长歌"，是其《为亚农题所藏明郑超宗元勋山水画轴》，现藏苏州博物馆。郑元勋题识云："此余辛未临沈石田笔也，时年三十有四……崇祯辛巳秋重识于影园之蒿亭。"又有董其昌、吴湖帆题识。遐庵题诗附裱于画作下端，计五十二句，夹以自注，歌影园遗事，多感慨之情，末记曰：

> 民国二十二年二月游吴下，亚农先生以此画见示，意未之寄也。余因而考订超宗事迹，漫赋长歌。余诗不足为此画增重，盖神物自有真价耳。（按，此记《叶恭绰全集》失录）

苏州博物馆藏郑元勋《临石田山水轴》

亚农即何澄（1880—1946），同盟会员，钱三强之岳丈，曾为苏州网师园主人。遐庵自注："考超宗自作《影园记》云：'壬申冬，董玄宰先生过邗，予持诸画册请政。先生谬赏，以为予得山水骨性，不当以工拙论。'此轴之作在壬申前一年，正踌躇满志时也。越十年辛巳重题，则年已四十四，距被难仅三年耳。"（杭世骏《道古堂文集》卷二十九《明职方主事郑元勋传》误计元勋"死年四十有二"）壬申前一年为崇祯四年辛未（1631），辛巳为崇祯十四年（1641）。沧桑遗物，尤为珍贵。

影园遗址现在扬州荷花池公园，我父母之居邻此，故少时多游于其中。今睹牡丹花开，遂整齐故事，以为感念。

猫与儒释道

三年疫情过后，儿子出去读书了，把他养的猫留在家里，于是我年至花甲，竟做了一只花猫的老爷爷。有一次主持某个大学者的线上讲座，讲着讲着，一只大猫跃入了视频，引得同学们一片欢腾。后来他告诉我，这也是他女儿送给他的留守猫。

猫很黏人，所以我的书房和沙发也是它喜欢呆的地方。身边有一只猫在睡觉，自然就有了"睡猫随我懒"（文天祥《病中作》）的情境，闲时也不免找找古人关于猫的文字，以广博闻。但是"猫之见之经史者，寥寥数事而已，其余则杂出于传记百家之书"（王初桐《猫乘·小引》），在中国历史上，好像只有那些闲适好事的江南文人和才女们，才有收集"猫儿事"的意识。最早要数南唐时广陵（今扬州）人徐铉[①]、徐锴[②]兄弟。明代陈文耀

① 徐铉（917—992），广陵（今江苏扬州）人，五代宋初文字学家。
② 徐锴（921—975，一说920—974），广陵（今江苏扬州）人，五代宋初文字学家。

所编类书《天中记》引北宋邵思《野说》"善记猫事"曰:

> 江南二徐,大儒也。后主岐王六岁时,戏佛像前。有大
> 琉璃瓶为猫所触,仆然堕地,因惊得疾,薨。诏锴为墓志。
> 锴谓铉曰:"此文章虽不引猫儿事,此故实兄颇记不?"铉
> 为疏二十事。锴曰:"适已忆七十余事。"铉曰:"楚金大能
> 记。"明旦又云:"夜来复得数事。"兄抚掌而已。

因为要给李后主被猫吓死的幼子撰写墓志,徐氏兄弟整理出近
一百条猫的故事。明清时期,江南人又为猫编写了一些专书。

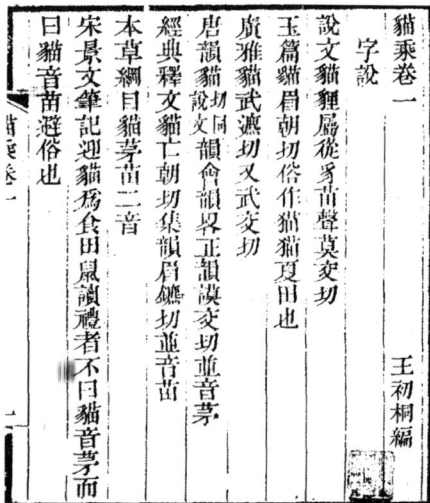

清嘉庆三年刻本《猫乘》

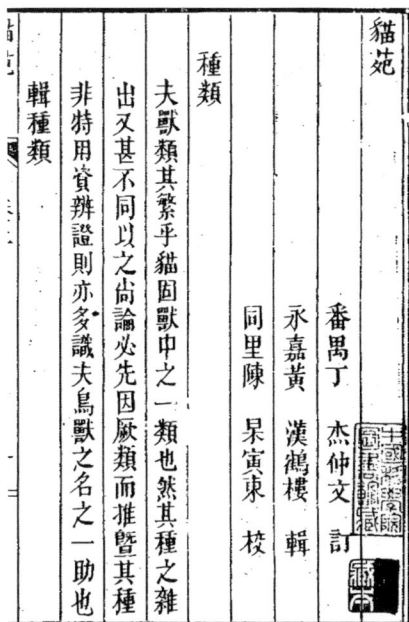

清咸丰二年刻本《猫苑》

比如元末明初苏州人俞宗本写了《纳猫经》（收入明刻《居家必备》）。俞氏在明初做过县令，精于《易》，其祖父俞琰著有《周易集说》。清代有乾隆年间长洲（今苏州）文人沈清瑞的《相猫经》（见傅增湘《藏园群书经眼录》卷十一）、嘉庆年间嘉定文士王初桐的《猫乘》（有嘉庆三年刻本）、杭州才女孙荪薏的《衔蝉小录》（有嘉庆二十四年刻本）、道光年间永嘉（今温州）文人黄汉的《猫苑》（有咸丰三年刻本）、南京文士陈旸的《相猫经》（见

《同治上江两县志》卷十二）等几种，犹以王、黄二氏所纂《猫乘》《猫苑》为著，前者堪称猫的文化史，后者堪称猫的百科全书。这两部博物小书已有广陵书社、浙江人民美术出版社等合刊本，在当下的出版广告中，已被称作"中国人的吸猫经典""铲屎官的必读经典"。不过，中国的猫文化，除了看看上面的书，还可以从儒释道三教看出些趣味来。

大概佛教与猫的关系最深，小时候就听老人说过猫是七个和尚变的。古人有"猫出西方"之说，明代苏州人陈仁锡[1]所编《潜确居类书》引了一本叫《玉屑》的俗书（可能是明人杨淙的《事文玉屑》)，中云："释氏因鼠咬坏佛经，故畜之。唐三藏往西方取经，带归养之，乃遗种也。"佛祖讲的故事里有不少猫，基本上都是贪欲的象征。比如《杂阿含经》记有释迦牟尼对比丘们说：

> 有一猫狸，饥渴羸瘦，于孔穴中伺求鼠子。若鼠子出，当取食之。有时，鼠子出穴游戏，时彼猫狸疾取吞之。鼠子身小，生入腹中。入腹中已，食其内藏。食内藏时，猫狸迷闷，东西狂走空宅冢间，不知何止，遂至于死。

佛告诉人们，贪欲就如猫吃到肚子里的老鼠，会吞噬内心，令人丧心病狂，终致灭亡。又如《佛说生经》中的《佛说野鸡经》，

---

① 陈仁锡（1581—1636），长洲（今江苏苏州）人，明代学者。

记载佛在给孤独园对一千二百五十位大比丘众说：过去有只野猫游居于大丛树间，产后饥饿，见一鸡"端正姝好"，便生毒害之心，来到树下对鸡"柔辞说颂"，愿意做鸡的妻子。二者互相唱答八次，鸡识破猫的心思，最后回敬野猫说："其与尔相亲，终不得寿长。"这是古印度版的黄鼠狼给鸡拜年。由于佛对猫的偏见，所以中国古代的佛教对猫似乎不太友好。梁代僧祐①所撰《弘明集》收录竺道爽的《檄太山文》，中云："自称天地父母神者，必是猫狸野兽。"据顾炎武《日知录》卷三十"泰山治鬼"条的考论，东汉的民间信仰认为泰山是天帝孙，主招人的魂魄，知人生命长短。这当然和佛教的轮回说发生了冲突，因而遭到佛子们的声讨。古代寺院里多畜猫捕鼠，因此猫儿也被僧人当作参禅的工具，甚至丢了性命。最著名的要数南泉普愿斩猫之事。北宋道原所撰《景德传灯录》卷八曰：

> 师因东西两堂各争猫儿，师遇之，白众曰："道得，即救取猫儿；道不得，即斩却也。"众无对，师便斩之。赵州自外归，师举前语示之。赵州乃脱履安头上而出。师曰："汝适来若在，即救得猫儿也。"

南泉抓住两堂僧众争猫的机会，以猫为质，开示佛法。当僧人们

---

① 僧祐（445—518），彭城下邳（今江苏睢宁）人，南朝齐梁僧人、佛教学者。

159　　　　　　感物联类

"道不得"时，南泉真将猫杀了。他演示了如何将虚幻的执念一刀两断，甚至连佛家戒杀的律条都可以不执守。他的学生赵州从谂和尚听说此事后，将鞋子脱下放在头顶上走出去，大概是告诉老师，僧众争猫起于颠倒妄念，而老师的开示手段不循常规，也算得上是倒行逆施。"猫禅"中最为有趣者，当数清代李斗《扬州画舫录》所记扬州大明寺中一僧，"能作打油诗，不著名字，即号平山，刻有《平山打油诗》。如《咏猫》诗云：'春叫猫儿猫叫春，看他越叫越精神。老僧也有猫儿意，争敢人前叫一声。'"

日本京都天授庵方丈室隔扇画（袄绘）《南泉斩猫图》

道教似乎也不太喜欢猫。北宋张君房编纂的道教典籍《云笈七签》收录徐铉《稽神录》，其中写王老升仙时，"全家人物鸡犬一时飞去"，"惟猫鼠弃而不去"。看来猫鼠相争，罪孽深重，不得超脱。猫很阴柔诌媚，道家认为是坏人转世。《天中记》载："卢仙姑诣蔡京，见大猫蹲踞榻上，抚猫背而问京曰：'识之否？此章惇也。'其意盖以讽京。"冯梦龙的《古今谭概》中也有"章惇为猫"一则。不过道教很重视猫的自然禀性，视其为仙家灵性与神奇丹药。北宋陈师道[①]《送姚先生归宜山》诗中表达仙隐之意："此身已许壶丘子，他日争寻靖长官。"自注曰："刘几云：'曾见人嵩山幽绝处，眼光如猫，意其为靖长官也。'"靖长官即静长官，宋人任渊《后山诗注》引曾慥《集仙传》曰："应静，不知何许人。唐僖宗时为登封令，既而弃官学道，遂升仙去。隐其姓而以名显，故世谓之静长官。元祐中刘几尝遇于嵩高山中。"（《后山诗注补笺》）神仙眼光如猫，仙丹亦须猫助。曾慥又有《类说》，中有"化鹤丹"一则：

　　　　许遂有幻术，每为人烧丹，必厚取以市药造炉，俾其人自守之。每烧以四十九日成，将成，必有犬逐猫，触其炉破，有双鹤飞去，每每如此，人呼"化鹤丹"。

----

① 陈师道（1053—1102），彭城（今江苏徐州）人，北宋诗人。

猫也是药物，《猫乘》引邵真人（明代道士邵以正）《青囊杂纂》曰："鼠咬疮痛，猫头烧灰，油调敷之。"古代医方以猫的皮、毛、肉、头骨等治疗鼠瘘蛊毒。清黄宫绣《本草求真》曰："猫善搜穴捕鼠，故凡病属鼠类，有在幽僻鬼怪之处，而药所难入者，无不借此以为主治。"

真正喜欢猫的是儒家。儒家经典最早出现了"猫"字。《诗经·大雅·韩奕》曰："有猫有虎。"《毛传》曰："猫似虎，浅毛者也。"儒家重视猫和虎，因为它们有功于人类。《礼记·郊特牲》中说十二月的腊祭要祭祀对稼穑有功的动物神灵，"迎猫，为其食田鼠也；迎虎，为其食田豕也，迎而祭之也"。这种在田里捉鼠的猫大概不是我们谈论的家猫。后来苏东坡等文学家们写诗赞美家猫狸奴，也是因为捕鼠之效。

儒家进而赋予猫以道德禀性，这要归功于大文学家韩愈那篇著名的《猫相乳说》。文中说北平王（马燧）家里有两只母猫同一天生了小猫，但有一只母猫死了，它的两只小猫饿得直叫唤。此时另一正在喂奶的母猫听到叫声，便去将两只小猫衔来喝自己的奶。韩文公写道："夫猫，人畜也，非性于仁义者也，其感于所畜者乎哉！"一只家养的猫，本性中并没有仁义道德禀赋，之所以能如此，大概是被它的主人所感化，因为在主人北平王的治下，人民平和安康，融洽如一，所以出现了这样的祥瑞感应。

缂丝织品摹北宋苏汉臣《冬日婴戏图》，苏州范玉明缂丝艺术工作室制作，
原画现藏台北"故宫博物院"

韩愈创造了一个"猫相乳"的文学母题，被后世的许多文人模写，衍生出《猫相乳记》（宋孙觌）、《猫相乳赞》（宋陈造）、《义猫说》（宋俞德邻）、《余博士家猫相乳歌》（元戴元表）、《犬相乳》（元王恽）、《猫相乳行》（明李东阳）、《续猫相乳说》（明唐顺之）等，就像写了一曲乐谱，被不断地演奏或变奏。能与韩愈之文齐名的当数司马光的《猫虪传》，其中写自己有一只叫"虪（shù，黑虎）"的猫，每次吃食时都谦让，不和其他猫抢食。其

他猫生小猫多了，它就衔来分担哺乳。有的顽劣的猫不知感恩，吃了麟的孩子，它也不计较。家人以为麟吃了自己的小猫，鞭打它并丢弃到寺院里。僧人把它关在笼子里，它十来天不吃，都快饿死了。家人可怜它，又带它回来。后来家人得到小猫就让它哺育。为保护这些小猫，它与狗搏斗，差点丢了性命。麟死了以后，家人用竹篮装了埋在西园。因此，司马光反对韩愈所言动物受到人的感化才具有道德行为的观点，认为韩愈这样说是为了讨好北平王。他说，由麟的行为可见"仁义，天德也。天不独施之于人，凡物之有性识者咸有之，顾所赋有厚薄耳"。"物性各于其类，自有善恶"，意为道德是上天的禀赋，不独属于人类，凡是有性命有智识的生物都会得到这些禀赋，只不过有些得到的多，有些得到的少罢了。

宋代的理学家们还就这两篇猫文讨论人性问题。他们大都反对韩愈的观点。比如吕本中在《紫微杂说》里说自己养了几匹马，有吃到草的马看到别的马没有草吃，便会衔草给它，"岂可谓无仁义性也哉"？《朱子语类》（卷四）中记载朱熹与学生讨论"物之性有近人之性者"时，也举了猫相乳和猫麟的例子，因为物性与人性都秉承了天理。他们的讨论启发我们，动物与人类是平等的。

人类驯养动物的过程，也是将文化赋予动物的过程，这就让动物成为反思人类自己、发展自己的工具。所以，当我们宠爱猫狗时，也应该修养我们的身心。

封神与财神

电影《封神第一部：朝歌风云》公映后据说很叫座，还获得了"金鸡奖"。这是对中国古代白话小说《封神演义》的现代改编，而《封神演义》的作者，学界还在争论，传统的看法是明嘉靖年间号称"钟山逸叟"的南京人许仲琳，另有江苏兴化的道士陆长庚、太仓人王世贞[①]、扬州人李云翔等说法，算得上是明代江苏人的集体创作。

古代的小说，大都把善恶因缘作为情节展开的机轴，这和我们现代叙事喜欢展示人性的冲突大不一样。在古人观念中，商纣王的恶是史无前例的。中国古代最早的史书是《尚书》，其中的《微子》记载纣王的庶兄微子对纣王的父师箕子、少师比干数说纣王错乱天命的罪行："沈酗于酒，用乱败厥德于下。"箕子和比

---

① 王世贞（1526—1590），江苏太仓人，明代文学家、史学家。

干都是纣王的叔伯长辈，一说箕子是纣王的庶兄。《尚书》中的《泰誓》是武王伐商前誓师大会上的讲话，他对参战的各路诸侯和将士们历数纣王的罪行，称其为"敢行暴虐"的"独夫"，除了不敬上天、酗酒好色等，称得上令人发指的残暴行为有"焚炙忠良，刳剔孕妇""斮朝涉之胫，剖贤人之心"。后来《史记·殷本纪》中说纣王发明炮烙之刑；又说比干强谏纣王，纣怒曰："吾闻圣人心有七窍。"于是"剖比干，观其心"。西晋皇甫谧《帝王世纪》说："纣剖比干妻，以视其胎。"孔安国《泰誓传》说："冬月见朝涉水者，谓其胫耐寒，斩而视之。"尽管《泰誓》被认为是晋人伪造的《古文尚书》篇目，清代学者阎若璩①《尚书古文疏证》举证颇多，不过上述纣王的恶行早在先秦时期就有定谳。比如《左传》鲁宣公三年，周的贵族王孙满告诉楚庄王"商纣暴虐，鼎迁于周"；《墨子·明鬼下》历数纣王"贼诛孩子，焚炙无罪，刳剔孕妇"；《孟子·梁惠王下》孟子对齐宣王说："贼仁者谓之贼，贼义者谓之残，残贼之人，谓之一夫。闻诛一夫纣矣，未闻弑君。""一夫"就是"独夫"。王孙满、墨子、孟子可能读过真的《泰誓》。

比干剖心的情节，电影中的纣王立妲己为王后，到宗庙祭拜。比干趁机捉住妲己，剖出自己的七窍玲珑心，逼着妲己吞

---

① 阎若璩（1636—1704），山西太原人，迁居江苏淮安，清代经学家。

下，现出了狐狸原形。可惜纣王执迷不悟，比干只能倒地身亡。小说则写鹿台宴会，比干察觉赴宴的仙人都是妲己召来的狐狸精，醉后皆去了巢穴轩辕洞，便请黄飞虎率人烧死了洞中的狐狸，还剥了狐皮做成袍袄进献纣王。妲己怀恨在心，假称心疼疾发，要纣王发札六道，借比干一片心做汤喝。比干无奈，只得服

明刊本《封神演义》插图"妲己设计害比干"

下姜子牙的符，去纣王面前剖了心，虽然未死，但出宫便听到路边有个妇人叫卖"无心菜"，便问妇人："人若是无心，如何？"妇人曰："人若无心，即死。""比干大叫一声，撞下马来，一腔热血溅尘埃。"相较之下，小说情节比电影更为曲折魔幻，大概电影的情节安排需要紧凑，只能出此下策了。

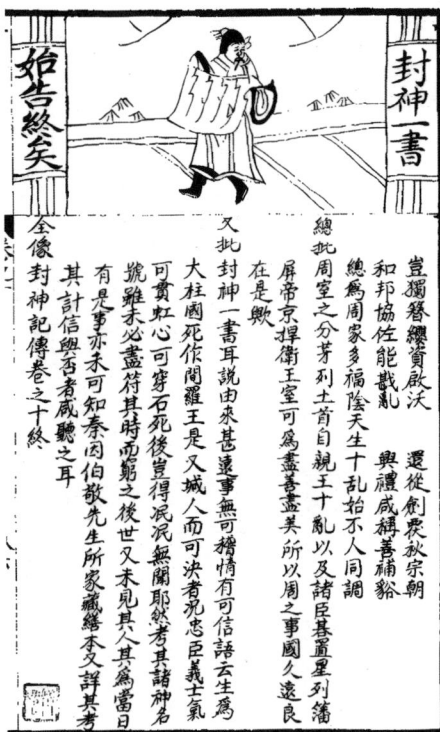

清康熙德聚堂刊本《封神演义》"姜子牙归国封神"

《史记》里面说"纣愈淫乱不止"，他身边的"三仁"进谏无效，于是微子远离而去，箕子佯狂为奴，只有比干忠心不二，以死争谏，却被剖了心。因此后世更加怜惜他的遭遇。《封神演义》中姜子牙封比干为北斗文曲星官，和其他斗部正神一道，"执掌金阙，坐镇斗府，居周天列宿之首，为北极紫气之尊，八万四千群星恶煞，咸听驱使"。"群星恶煞"中也有封为天喜星的纣王。在道教看来，比干和纣王一样都是因为"嗔心未退"而去人间遭受"杀戮之殃"，度过劫数轮回的星神罢了。和道教一样，历朝历代的帝王也喜欢封神，利用古代贤人神道设教，进而演变为封官加爵，表彰道德，这是从追封比干开始的。清代赵翼《陔余丛考》卷十八"宋元追褒古贤"条曰：

> 累朝有追崇前代名贤者。如唐初加号老子为玄元皇帝……此但为崇奉神道起见，非怀贤褒德之举也。唐太宗征高丽，过比干墓，赠太师，追谥忠烈。此为表彰前贤之始……（元）顺帝封微子仁靖公，箕子仁献公，比干仁显忠烈公。

老百姓也喜欢封神，希望这些神给自己带来好运。于是封比干为文财神，与武财神关云长一并供奉。苏州玄妙观里有个财神庙，中间供着"正一福禄财神真君"赵公明，其左手边为"威灵远振天尊"比干，右手边为"忠义神武关圣帝君"关羽。赵公明被姜子牙封为正一龙虎玄坛元帅，率领招宝天尊、纳珍天尊、招财使者、利市仙官，是专业的正财神。还有一些偏财神，比如五路财神等，是掌管意外之财的。经商发财如同治国，文武之道，一张一弛，但都需要道德与信用的基础，关公和比干被民间封为财神，大概是看上他们能够为忠信道义而牺牲。

苏州玄妙观财神殿

传统民间年画的文武财神像还会透露出有趣的历史信息。关羽左右，往往是周仓和关平，而比干的左右，有时也会在关公面前，往往站着一个大胡子或红胡子，露顶或黑面的人，这是波斯人或西域回回的形象，反映了古代丝绸之路的历史。

山东高密扑灰年画文财神，
面前有露顶虬髯胡人献宝形象

民间木版年画文武财神，文财神左侧有
红髯胡人执珊瑚、珠宝的形象

山东平度民间版画财神接财神，财
神左侧有浓髯胡人捧珠形象

隋唐运河开凿后，古代的江淮流域有许多经营珠宝的西域商人，至今江淮方言里还有"波斯献宝"等成语。唐代李朝威的传奇小说《柳毅传》里，落第书生柳毅在回家路上救了龙女，龙王"赠遗珍宝，怪不可述"，"毅因适广陵宝肆，鬻其所得。百未发一，财已盈兆"。柳毅是湖南人，却要去广陵卖珠宝。北宋《太平广记》"宝类"收录了好几则波斯胡人辨识珠宝的故事，其中有一则唐代宰相李勉轻财仗义的感人故事，出自唐人薛用弱的传奇《集异记》，也发生在江淮一带。其曰：

> 司徒李勉，开元初，作尉浚仪。秩满，沿汴将游广陵。行及睢阳，忽有波斯胡老疾，杖策诣勉曰："异乡子抱恙甚殆，思归江都。知公长者，愿托仁荫，皆异不劳而获护焉。"勉哀之，因命登舻，仍给饘粥。胡人极怀惭愧，因曰："我本王贵种也，商贩于此，已逾二十年。家有三子，计必有求吾来者。"不日，舟止泗上，其人疾亟，因屏人告勉曰："吾国内顷亡传国宝珠，募能获者，世家公相。吾衔其鉴而贪其位，因是去乡而来寻。近已得之，将归即富贵矣。其珠价当百万，吾惧怀宝越乡，因剖肉而藏焉。不幸遇疾，今将死矣。感公恩义，敬以相奉。"即抽刀决股，珠出而绝。勉遂资其衣衾，瘗于淮上。掩坎之际，因密以珠含之而去。既抵维扬，寓目旗亭。忽与群胡左右依随，因得言语相接。傍有

胡雏，质貌肖逝者。勉即询访，果与逝者所述契会。勉即究问事迹，乃亡胡之子。告瘗其所，胡雏号泣，发墓取而去。

开元年间，李勉在浚仪县尉任满之际，沿着运河去广陵，路上搭救了来中国寻找传国宝珠的波斯贵族。波斯胡人临终感念，将传国宝珠赠予李勉。李勉在埋葬胡人时将宝珠塞进尸体口内，还到扬州寻到胡人的儿子，归还了宝珠。这个故事应该是根据李勉的事迹改编的，《新唐书·李勉传》曰：

> 勉少贫狭，客梁、宋，与诸生共逆旅，诸生疾且死，出白金曰："左右无知者，幸君以此为我葬，余则君自取之。"勉许诺，既葬，密置余金棺下。后其家谒勉，共启墓出金付之。

清嘉庆《扬州府志》"祠祀"曰："财神亦无主，名次天神末。"所以，财神只是个低级的神职，可以由很多人出任。中国大运河的历史也诞生了两个特殊的财神，而且有放贷的神通。胡朴安先生《中华全国风俗志》记"泰县人之迷信"曰：

> 江苏省之泰县，亦有一泰山，山麓有和合财神庙一座，香火颇盛。每年正月初四日，庙门外摩肩叠踵，异常拥挤。附近一般乡愚，各斋戒沐浴，来此进香，并有借钱之说。惟

所借之钱，并非钞票银元，只锡箔黏成之元宝耳。一般财迷者，走至庙中，敬神既毕，乃将纸元宝虔诚携回家中，供诸神桌上，每日焚香祷祝。至次年正月初四日，复将元宝送还庙中，谓为还债，另加利钱元宝一个。于是此庙中元宝愈积愈多，遂可堆积成山矣。

"和合财神"不一定是"和合二仙"，但泰县（今为泰州姜堰区）的风俗多同于扬州。清代李斗《扬州画舫录》中说：

> 邗沟大王庙在官河旁，正位为吴王夫差像，副位为汉吴王濞像。《左传》哀公九年"秋，吴城邗，沟通江、淮"，此今之运河自江入淮之道也。自茱萸湾通海陵、如皋、蟠溪，此吴王濞所开之河，今运盐道也……是庙灵异，殿前石炉无顶，以香投之，即成灰烬。炉下一水窍，天雨积水不竭，有沙涨起水中，色如银。康熙间，居人辄借沙淘银，许愿缴还，乃获银。后借众还少，沙渐隐。今则有借元宝之风，以纸为钞，借一还十，主库道士守之，酬神销除。每岁春香火不绝，谓之财神胜会，连舻而来，爆竹振喧，箫鼓竟夜。及归，各持红灯，上簇"送子财神"四金字，相沿成习。

夫差始开中国的大运河，刘濞又开了东至海陵、如皋、蟠溪（今如皋城东）的运盐河。古代海陵即今泰州一带。在李斗之前，清代顾祖禹《读史方舆纪要》的"江都县"就有考论。其引述南朝阮昇（胜）之的《南兖州记》"吴王濞开邗沟，通运至海陵仓，其地有茱萸湾"，认为运盐河在扬州城东北茱萸湾向东，进入泰州、如皋、通州、海门、吕四场，"其支派通各盐场"。如今邗沟大王庙仍在，供奉着夫差和刘濞的塑像。民国时期泰县财神庙的借钱风俗很可能源自大王庙借沙淘银传奇演化成的借元宝风俗，所谓"和合财神"正是夫差和刘濞。

所有的神都是我们创造的文化符号，我们之所以喜欢封神，因为能够从历史和传统中获得力量，进而发展我们的文化。

充实之谓美

颜筋柳骨，贞石千秋

2023 年夏天，初伏将尽，我有幸受邀去西安参加西北大学、中国唐代文学学会、陕西省考古研究院共同召开的"考古新发现与唐代文化研究的新议题"学术研讨会。西安已持续炎热多时，但一睹出土文物令人心神快慰，特别是两块唐代大书家书写的墓志。

会议先安排大家参观刚刚建成的陕西考古博物馆，目不暇接之际，看见展柜中陈列的唐汝阳郡王李琎撰于唐玄宗天宝六载（747）、颜真卿书写的《罗婉顺墓志》。2020 年出土于咸阳西咸新区龚东村唐元大谦、罗婉顺夫妇墓中。其时颜鲁公三十八岁，刚刚升任长安县尉，书风秀美婉柔，颜体特有的用笔法度尚未形成。

2022 年建成开放的陕西考古博物馆

陕西考古博物馆展出的李琎撰、颜真卿书《罗婉顺墓志》志石

　　　　　充实之谓美

颜真卿书《罗婉顺墓志》拓本

（《陕西咸阳唐代元大谦、罗婉顺夫妇墓发掘简报》，《考古与文物》2021年第2期）

　　接着又去陕西省考古研究院的一处工作站观摩柳公权撰并书写的《严公贶墓志》，2022年出土于长安区市政道路建设工地。唐宣宗大中三年（849），身居河东郡公的柳公权为堂妹夫严公贶写墓志时已经七十一岁，书法的用笔结体均较其传世丰碑雍容疏阔了一些。志石已经墨拓，笔锋更加清晰，细观石面刻凿，虽偶有刻破笔画，或磨去重刻之处，但一千七百六十八字的柳体小楷挺秀铺陈，如庖丁之刃，新发于硎，光彩夺目。

柳公权撰并书《严公贶墓志》拓本

（《陕西西安长安区唐严公贶、卢淑墓发掘简报》，《考古与文物》2021年第2期）

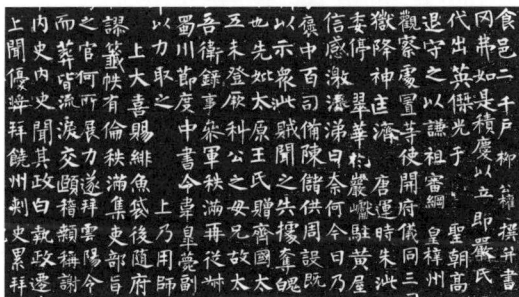

柳公权撰并书《严公贶墓志》拓本（局部）

（陈徐玮《唐严公贶、卢淑墓志考略》，《考古与文物》2023年第2期）

充实之谓美

世存颜、柳所书志石不止二种，但唯此两石是经由科学考古发掘的文物，更具研究价值。唐代是中国楷书成熟的时代，自"虞欧褚薛"始开面目，继之以"颜柳"成就典范。唐代书学理论家、扬州海陵人（今江苏泰州）张怀瓘①在《书断》中已经品

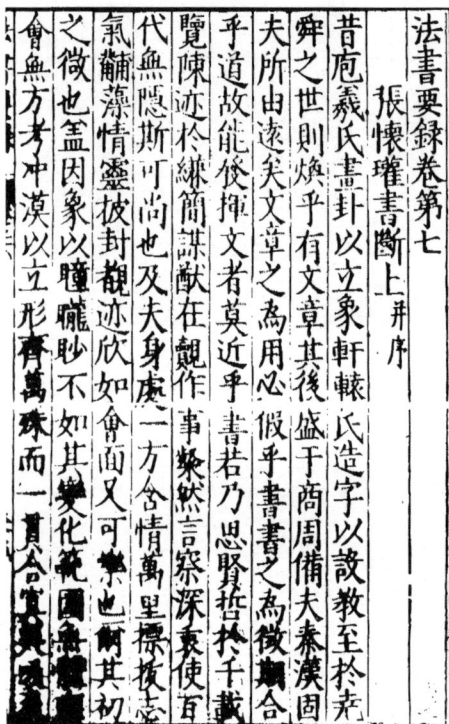

明刻本张彦远编《法书要录》所收张怀瓘《书断》书影

---

① 张怀瓘（生卒年不详），海陵（今江苏泰州）人，唐代书法家、书画理论家。

评欧阳询、虞世南、褚遂良、薛稷诸家书法。《书断》作于唐玄宗开元年间的扬州，文末自云"开元甲子岁，广陵卧疾，始焉草创"，唐李肇《国史补》亦云："开元中张怀瓘撰《书断》。"传世版本数种，以收入晚唐张彦远所编《法书要录》者为早。后人称赞颜真卿、柳公权的书风为"颜筋柳骨"，至以"颜柳"并称，皆出自宋人对石延年（曼卿）书法的评价。范仲淹《祭石学士文》曰："曼卿之笔，颜精（筋）柳骨，散落人间，宝为神物。"（《范仲淹集》卷十）欧阳修《六一诗话》继之曰："（曼卿）工于书，笔画遒劲，体兼颜柳，为世所珍。"

中国传统书学多为譬喻式的艺术批评。形容书法多以人体筋骨为喻。刘熙载《艺概·书概》曰：

> 卫瓘善草书，时人谓"瓘得伯英之筋"，犹未言骨；卫夫人《笔阵图》乃始以"多骨丰筋"并言之。至范文正《祭石曼卿文》有"颜筋柳骨"之语，而筋骨之辨愈明矣。

"瓘得伯英（汉末书家张芝）筋，索靖得伯英肉"的评语，见于《晋书·卫瓘传》。王羲之的老师卫夫人的《笔阵图》形容用笔之法曰："善笔力者多骨，不善笔力者多肉。多骨微肉者谓之筋书，多肉微骨者谓之墨猪。"推崇"多骨微肉"的"筋书"。唐代美术和诗歌多图咏骏马，因而张怀瓘的《评书药石论》又以马体为喻："夫马筋多肉少为上，肉多筋少为下，书亦如之……若筋骨不任其脂肉，在马为驽骀，在人为肉疾，在书为墨猪。"总之，筋骨二字形容的是书法创作中运笔的力量（笔力）与字体的结构（结体）。所谓的"筋"指运笔的弹性与结体的舒张，"骨"指运笔的端正与结体的紧凑。"颜筋柳骨"呈现出的"筋骨"风貌，正如明代文学家王世贞《艺苑卮言》所言："颜书贵端，骨露筋藏；柳书贵道，筋骨尽露。"颜字的结体，横笔细竖笔粗，起收提顿夸张，撇捺勾挑出锋尖锐，故多浑厚劲健之感；柳字的结体，笔画多拓展伸张，撇捺勾挑出锋果断，故多骨硬刚直之姿。

不过，后世对颜柳楷法不乏非议。比如北宋书法家米芾《跋颜真卿书》曰："颜真卿学褚遂良既成，自以挑踢名家，作用太多，无平淡天成之趣……大抵颜柳挑踢，为后世丑怪恶札之祖，从此古法荡无遗矣。"南宋词人姜夔《续书谱》曰："矧欧虞颜柳，前后相望，故唐人下笔，应规入矩，无复晋魏飘逸之气。"这是以钟繇、王羲之为代表的魏晋帖札书法标准，批评颜柳用笔勾挑出锋是刻意的装饰，而唐楷结体工整，缺失了天真自然的趣味和气韵。清代碑派书学贬低帖札，但同样认为唐楷的工整规矩尽失古人意味和风格。康有为《广艺舟双楫》至谓："不复能变，专讲结构，几若算子。截鹤续凫，整齐过甚。欧虞褚薛，笔法虽未尽亡，然浇淳散朴，古意已漓，而颜柳迭奏，澌灭尽矣。"

唐人追求字体的规范应该有着更为远大的文化目标。姜夔《续书谱》指出了唐楷工整化的原因："良由唐人以书判取士，而士大夫字书，类有科举习气。颜鲁公作《干禄字书》，是其证也。"祝嘉①先生《书学论集·谈唐碑》认为唐楷与科举关系密切："自唐代起，应科举考试的，都要'削足适履'，力求匀整，而唐以后人，则不得不学唐碑，六朝碑是不合科举的尺度的。"科举乃至官方文字不仅要求书写工整，而且要求书写正体，排斥俗字。南北朝政治与文化的长期分裂使得文字的书写杂乱不一，这在南北朝碑刻之中比比皆是。唐继隋代一统之后，思想上以统一南北经学为要务，统一后的官方《五经》文本就是官方正字的标准。唐初于国学置书学博士，传习汉代石经、《说文》的文字，以《五经》文字作为标准字体。颜氏家族中，先有颜师古于贞观年间奉诏刊正经籍，书写校雠文字的规范楷式，人称"颜氏字样"。唐玄宗时，颜师古的重孙颜元孙继承祖业，作《干禄字书》，方便士子区分正俗字体，其《序》曰："所谓正者，并有凭据，可以施著述、文章、对策、碑碣，将为允当。（进士考试，理宜必遵正体；明经对策，贵合经注本文。）"颜真卿是颜元孙的侄孙，曾书写《干禄字书》，刻于唐代宗大历九年（774），说明他对字体的正俗与规范有着自觉的意识。刻石虽佚，但摹刻拓本流传于后世。就在柳公权出生的前两年，唐代宗大历十一年（776），国子监司业张参又上《五经文字》，书于国子监讲论堂东

---

① 祝嘉（1899—1995），海南文昌人，中年定居苏州，著名书法家。

西两壁。颜真卿、柳公权正是在这个背景下发展唐楷的，他们的书法不仅作为书法艺术的典范，而且作为通行正体字的典范为人们认同、欣赏，方便人们的学习与运用，也为后世的印刷字体提供了范式。因此，以颜柳为代表的唐代楷书对统一、规范唐宋以后历代的书写、书籍刊刻等文化事业有着重大的价值，不能仅仅从艺术史的视野加以论衡。

其实就书法艺术而言，唐楷也达到了时代的巅峰。胡小石先生虽是碑学书家，但他在《中国书学史》(1934)中将唐楷与唐代文学相较，特别赞赏其中的变革创新精神。在他看来，文学自陈子昂出，变革六朝文学，复兴了建安风骨；书法自颜鲁公出，变革二王书风，复兴了北碑风范，正是通过创新变革，唐楷呈现出更为壮阔的文化气象：

> 唐代文学波腾，为中华文化之极盛，上可与汉并称雄。汉之分隶，唐之今隶（即楷书），足以代表二朝之磅礴精神。

当然，除了书法的价值，墓志的史料价值更为学界关注。明人吴讷①《文章辨体序说》曰："墓志，则直述世系、岁月、名字、爵里。""志铭埋于圹者，文则严谨。其书法，则惟书其学行大节，小善寸长，则皆弗录。"过去，我们在唐代大文学家柳宗

---

① 吴讷（1372—1457），江苏常熟人，明代官员。

元的《柳河东集》里见过《送严公贶下第归兴元觐省诗序》，鼓励这位落第的士子秉承家风，不必自薄。而墓志的出土，又让我们知道严公贶与另一位河东柳氏名人的亲密关系，而且掌握了这位《全唐诗》中仅收一首《题汉州西湖》的作者的家族世系、生卒年月与仕宦经历。他的父亲严震是山南西道节度使，朱泚发动"泾原兵变"，唐德宗出逃，严震派兵保护唐德宗进入梁州，直至长安收复。新、旧《唐书》均有传。所以这方墓志为唐代历史、文化和文学的研究提供了一份珍贵的档案。柳公权也很会写文章，他选择了两件感人的事，再现了严公贶人性的光辉，表彰他的"学行大节"。一是严公贶任云阳县令时，很多穷人葬不起死去的亲人，就埋在家里。他召集这些人家，给他们讲《孝经》最后一章《丧亲章》，让他们明白尽力葬亲的道理，大家听了"流泪交颐，稽颡称谢而去"。二是到庐陵任刺史时，发现度支税收中有逼迫百姓交纳一种叫绝的绸绢项目，百姓只能花很多钱买绝交纳，有因此破产逃亡的。严公贶上书朝廷要求赦免，"逋亡者尽归"。而此时当地出现了白雀、嘉莲等祥瑞。按照唐代的制度，应该上奏朝廷。《唐六典》规定："凡祥瑞应见，皆辨其物名。若大瑞、上瑞、中瑞、下瑞，皆有等差。若大瑞，随即表奏，文武百僚诣阙奉贺。其他并年终员外郎具表以闻，有司告庙，百僚诣阙奉贺。"但严公贶"并不进献"，他一定是认识到大唐的太平盛世不再，上天已无祥瑞感应了。

《墓志》的铭文之末，柳公权写道："录之贞石，千秋不磷。"他用了《论语》"不曰坚乎，磨而不磷"的典故，祝愿严公贶的事迹永垂不朽，而墓志的出土，也是"颜筋柳骨"的书法和唐代文化精神永不磨灭的实证。

佛像和我们

　　我最初对佛像的印象，是小时候去扬州平山堂玩，大概二十世纪七十年代初期，法净寺（现在的大明寺）的佛殿尚未开放，父亲抱着我从窗格里看见过殿堂里的金身佛像。后来在南京栖霞山才看到石窟里的佛像。但这些都算不上是大佛，也就是佛教里说的大像。孟子曰："充实之谓美，充实而有光辉之谓大，大而化之之谓圣，圣而不可知之之谓神。"（《孟子·尽心下》）所以，大佛的艺术美对佛教文化的表现力和影响力具有特殊的价值。古代和现代的大佛很多，可惜我游历欠丰，只见过敦煌莫高窟和四川乐山的两尊唐代大佛。今年孟冬，天气晴朗，应邀去无锡灵山参加"天花烂漫——当代中国佛教文化艺术邀请展"的开幕式，因而得以瞻仰平生所见的第三座大佛——屹立于太湖之滨、小灵山之麓的灵山大佛。

　　　　　　　　充实之谓美

无锡灵山大佛

　　面对这座高达八十八米的东方大佛，我不禁想起艺术哲学家熊秉明①先生写的《佛像和我们》，其中讲述了他是如何将佛像看成艺术的历程。他认为欣赏佛像第一步要排除宗教成见，无论是虔诚礼拜还是视为迷信，都要将佛像"从宗教的庙堂里'窃取'

————————
①　熊秉明（1922—2002），生于南京，著名法籍华人艺术家、哲学家。

出来，放入艺术的庙堂里去"；第二步要排除艺术成见，不能用"像不像真人的写实观点去衡量佛像"；第三步，我们"不能忘记这究竟是一尊佛"，还要再去了解宗教，才能欣赏佛像艺术如何表现其"圆满自足的佛性"。总之，要从艺术和文化入手，才能观看佛像的美。熊秉明先生出生于南京，1984 年他以巴黎第三大学东方语言文化学院中文系主任的身份来南京大学做过两场关于中国书法和西方现代艺术的讲座，至今我还保留着当时听讲的笔记，记得他说的话："只有懂，才能欣赏，才能喜欢或不喜欢。"

如果我们对灵山大佛作如是观，就要将他看成一个佛教题材的大型雕塑艺术作品。不过与古代的大佛不同，这座青铜大佛和许多用现代工业与科技文明铸造的巨型塑像一样，可以不依凭自然的山体岩石，不受蔽于庙宇佛塔，独立于天地之间，这样便断然剔除了古代大佛的自然感和沧桑感，让你更加直接、纯粹地感受一个超自然巨大形体的自在性，从而被它震撼。

众所周知，早期的佛教主要崇奉佛骨、佛塔，是没有佛像的。清代赵翼《陔余丛考》"塑像"条认为"塑像实不自佛家始"。但他错误地认为"佛像自汉武击休屠，始得其祭天金人以归"。西汉霍去病击败匈奴，"收休屠祭天金人"（《史记·卫将军霍去病传》）。唐司马贞《史记索隐》引张晏云："佛徒祠金人也。"这大概都是佛像传入后，中国人的想象之辞。汉武帝击匈奴是公元前二世纪的事，而佛像则起源于公元一世纪后半叶的古

　　　充实之谓美

印度犍陀罗地区（今巴基斯坦白沙瓦地区和阿富汗东部），当时月氏人在此建立贵霜王朝，弘扬佛教。中国古代两位西行求法的高僧，东晋的法显和唐代的玄奘都曾到过那里。而这个地区曾被希腊马其顿王国征服过，因此希腊文明与南亚文明得以交融，古希腊的雕塑艺术与大乘佛教共同创造了犍陀罗的佛像艺术。因此我们看到的犍陀罗佛像都带有古希腊的风格，直到公元二世纪至四世纪的笈多王朝才形成印度风格的佛像，此时正值中国汉末魏晋南北朝时期，佛像便随着佛教进入了中国。大概中国的古书中出现佛像的时间是公元一世纪中期至二世纪，即《后汉

犍陀罗风格释迦牟尼雕像，
现藏美国国家自然历史博物馆

成任东汉墓地出土金铜立佛
（《陕西咸阳成任墓地东汉家族墓发掘简
报》，《考古与文物》2022 年第 1 期）

纪》中记载东汉明帝永平十三年（70）楚王英修浮屠祠，"浮屠者，佛也"，"佛身长一丈六尺，黄金（色），项中佩日月光"，又载"（明）帝梦见金人长大，项有日月光……遂于中国而图其形像焉"。《后汉书》载东汉桓帝（147—167 在位）"设华盖以祠浮图、老子"。而中国境内最早的佛像考古实物，过去认为是开凿于三世纪左右的新疆克孜尔石窟等，2021 年在陕西咸阳成任村东汉墓地出土了两尊带有犍陀罗风格的金铜佛像，大约是在二世纪后半叶至三世纪铸造的。

开窟塑像是为了僧人信众们通过观看佛像修习禅法，所谓"谛观像好"，与佛合一，去除恶念。东晋时天竺三藏佛陀跋陀罗翻译的汉文佛经《佛说观佛三昧海经》，专讲佛的诸多宝相和观相之法，其中说："佛告阿难。如来有三十二大人相八十种随形好，金色光明……如是等人，若能至心一日一夜系念在前。观佛如来一相好者。诸恶罪障皆悉灭尽。"随着佛教的传播，南北朝至隋唐，中国的北方和四川地区开凿了许多石窟和大佛，而长江下游地区仅南京栖霞山和浙江剡溪两处。学界一般认为这是南北佛教风格的不同，宿白先生《中国佛教石窟寺遗迹——3 至 8 世纪中国佛教考古学》认为：

> 316 年西晋覆灭，魏晋谈玄之风随大批汉族士族南来而盛于江左，此后南方佛教依附玄学，偏重义理尚谈论，与北

方地区重视宗教行为者有别，故唐僧神清于《北山录》中评南北佛教云："宋风尚华，魏风犹淳。"尚华重言辞，风淳重实行。所以北方地区除新建寺院外，多开窟备禅行，而江左则仅于寺院致礼、讲论，其坐禅也着重在法堂之内，其念佛三昧示"洗心法堂"，所以不重石窟。

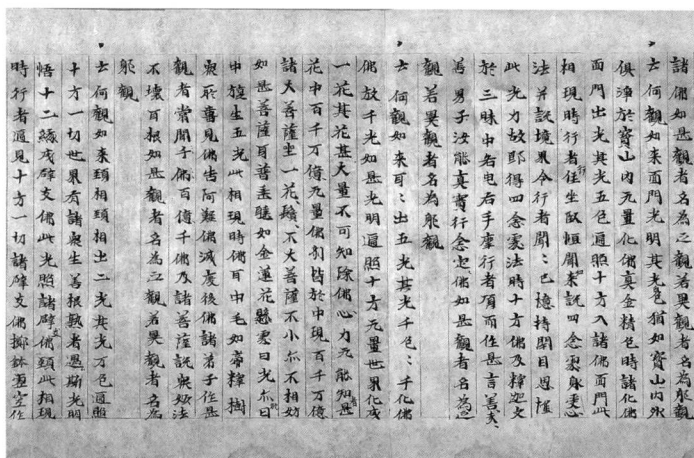

法国国家图书馆藏敦煌写本 P.2078《佛说观佛三昧海经》卷第四（局部）

偏重义理就要重视思想学说、高僧事迹和佛教文献，"道以人弘，教以文明"（僧祐《弘明集序》），这需要比较高的文化程度。南方佛教酝酿出了一些重要的中国佛教宗派，比如东晋慧远在庐山创立的净土宗，陈、隋之际智𫖮在天台山创立的天台宗，法朗、吉藏在栖霞山创立的三论宗等。现存最早的佛教传记集《高僧传》(亦名《梁高僧传》)由梁代慧皎编撰，记叙了汉代至梁代两百五十多位高僧的事迹，开创了后世《高僧传》的佛教史书形式。最早的女性僧侣传记《比丘尼传》由梁代僧人宝唱编撰，记叙了晋、宋、齐、梁六十多位比丘尼的事迹。南方佛教对佛教文献特别重视。中国佛教史上最早的《大藏经》编纂于梁代。《隋书·经籍志》曰："梁武(帝)大崇佛法，于华林园中，

南京栖霞寺石窟

总集释氏经典，凡五千四百卷。沙门宝唱撰《经目录》。"最早的佛经目录是梁代僧祐编撰的《出三藏记集》，著录佛经十二类两千一百六十多部。他还编纂了中国第一部佛学论文集《弘明集》，收录东汉至齐梁五十多篇阐扬佛教及与儒家、道家辩论的文章。僧祐生于建康（今南京），小时候就喜欢到建初寺拜佛，长大得知父母为他定了亲，就逃至钟山定林寺出了家，成为学问渊深、受到朝野尊敬的高僧。宝唱和文学理论家、《文心雕龙》的作者刘勰都是他的弟子。《高僧传》卷十一《僧祐传》记载刘勰为他撰写了墓碑。

有趣的是，尽管南朝佛教不重开窟造像，但佛像艺术也很发达。僧祐就是个造像大师。《高僧传》卷十三《僧护传》记载僧护居剡溪石城山隐岳寺，见寺北有青石壁直上数十丈，中有佛光，遂发愿开凿佛像，仅雕成面部，便遭病身亡。后来僧祐受梁武帝敕命前往督造，他发现僧护造像时，"凿龛过浅，乃铲入五丈，更施顶髻"，从天监十二年（513）春至十五年春就造成"坐躯高五丈，立形十丈"的大佛。同卷《法悦传》记载法悦和智靖铸造丈八无量寿佛铜像，尚未完工，两位僧人就相继迁化了。于是梁武帝又敕命僧祐督造完成。还有戴逵和戴颙父子，也是绘写和雕塑佛像的名家。《世说新语·识鉴》载："戴安道（逵）年十余岁，在瓦官寺画。王长史（濛）见之曰：'此童非徒能画，亦终当致名。恨吾老，不见其盛耳！'"《高僧传》卷十三《慧力传》记瓦官寺佛像：

> 有戴安道所制五像，及戴颙所治丈六金像。昔铸像初成，而面首殊瘦，诸工无如之何。乃迎颙看之。颙曰："非面瘦，乃臂胛肥耳。"既错减臂胛，而面相自满，诸工无不叹息。

此事又见载于《宋书·戴颙传》。又唐李绰《尚书故实》曰：

> 佛像本胡夷朴陋，人不生敬。今之藻绘雕刻，自戴颙始也。颙尝刻一像，自隐帐中，听人臧否，随而改之。如是者积十年，厥功方就。

到了唐代，中国禅宗由六祖慧能发明宗旨。禅宗主张在自己身上寻找佛性，在日常生活中实践印证，所谓"不立文字，直指人心，见性成佛"。佛性既然不在文字中寻求，更无需在佛像中观看。禅宗奉行的主要经典《金刚经》中，佛教导弟子须菩提"不可以三十二相见如来"，因为"如来说三十二相，即是非相，是名三十二相"。所以，佛具有的"三十二大人相""八十二随形好"不过是名称符号，而不是本真的佛性。明成祖朱棣御注《金刚经集注》中引了南宋道川禅师描写佛像的诗句：

> 泥塑木雕缣彩画，堆青抹绿更装金。若言此是如来相，笑杀南海观世音。

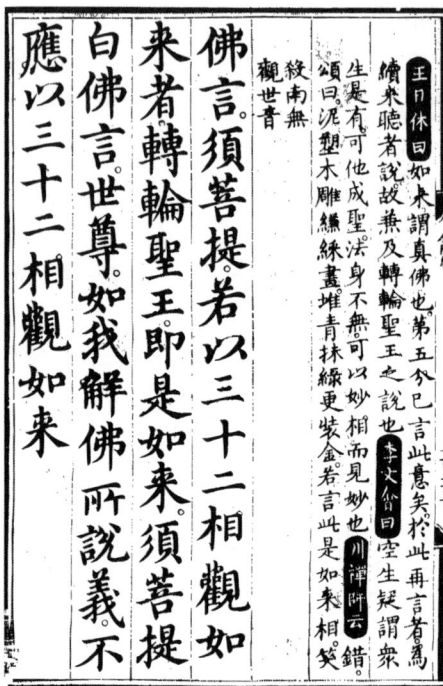

佛言。須菩提。若以三十二相觀如
来者轉輪聖王即是如来。須菩提
白佛言。世尊。如我解佛所説義。不
應以三十二相觀如来

綾南無
觀世音

王日休曰如来謂真佛也第五分已言此意矣於此再言者為
續来聽者說故兼及轉輪聖王之說也言此意矣於此再言者為
生是有可他成聖法身不無可以妙相而見妙也川禪師云空生疑謂衆
頌曰泥塑木雕繢綵畫堆青抹綠更裝金若言此是如来相笑
李文會曰
錯。

明内府刻本朱棣《金刚经集注》书影

当然，禅宗并不是否定经典与艺术，而是反思我们诵读佛经、观赏佛像是为了什么，因而启发我们以一种更大的智慧看待文化和艺术。上大学时，我读了一些讲佛学的书，似懂非懂。假期回扬州，曾经去高旻寺访问住持德林长老（1914—2015），他是临济宗的传人。记得我问他如何证明佛性无处不在，他指着院子里的树，说可以雕成无数个佛像。后来我才明白这就是"翠竹黄花皆佛性"（唐司空曙诗句）的道理。所以，超然而自在的灵山大佛就是我们每个普通人的身影，是大写的人。倘若按照禅宗的观念来观看灵山大佛，还是《西游记》中孙悟空引用乌巢禅师《多心经》的偈语说得最好：

　　佛在灵山莫远求，灵山只在汝心头。人人有个灵山塔，好向灵山塔下修。

园林中的"长物"

我在扬州生长。扬州城很小，步行亦可往西北郊外的瘦西湖和平山堂一游。清人沈三白在《浮生六记》中说他"居苏州沧浪亭畔，天之厚我，可谓至矣"。这句话同样适合于我。瘦西湖里面有个徐园，那时四桥烟雨楼还荒着，熙春台也未重建，所谓"两岸花柳全依水，一路楼台直到山"的景观尚未全部恢复。平山堂在法净寺里，里面有个西园。1980年，唐朝东渡日本的鉴真大和尚像从奈良唐招提寺回扬州展出，山门上的匾额才换了"大明寺"三个字，原来法净寺是清朝改的，为了斩断扬州人对大明朝的念想。但是再怎么流连忘返，也不能"园日涉以成趣"，因为我还不明白何为园林。记得上高中时，扬州城里的个园、何园都已部分修复对外开放，才知道仄巷深院之内的私家园林竟然如此别有洞天。后来从一位父执那里获赠陈从周先生的《说园》，是《同济大学学报》1982年的抽印本，蒋启霆先生小楷抄写，俞振飞先生题端，读后才粗知中国古典园林的审美价值。

　　瘦西湖和平山堂这样的湖上园亭，是清代扬州园林鼎盛期的作品；个园、何园这样的城市山林也是清代中晚期官商之家的游赏之地。扬州特殊的运河枢纽地位使之成为清代朝廷盐业管理的中心，盐商纠集，加上康熙、乾隆多次巡幸驻跸，以至于当时的官僚文士刘大观说出"杭州以湖山胜，苏州以市肆胜，扬州以园亭胜"(李斗《扬州画舫录》)这样的话来，所以扬州园林多少有点官商文化中追求富贵豪奢的秉性。相比之下，苏州有名的园林大都有着可以上溯至宋元明的历史文化背景，那是沧浪亭主人苏

扬州瘦西湖莲花桥

舜钦开辟的传统，更和明代小品文、小说、戏剧相得益彰，表现着骚人情志和名士风流。陈从周先生各美其美，认为苏州园林柔和，扬州园林雅健。其实在苏州人看来，扬州园林不免有点弄巧和俗态。沈三白是个"接花叠石"的能手，《浮生六记》中叙写他在乾隆南巡时期游览扬州几处竣工的接驾园林，多有评点，最后总结道："其工巧处、精美处，不能尽述，大约宜以艳妆美人目之，不可作浣纱溪上观也。"艳妆美人自可觅诸富贵人家或是风月场所，唯有浣纱溪边的西子才是可偕归江湖的佳人。

苏州拙政园见山楼

和苏州的昆曲为中国的戏曲提供了范式一样，苏州园林也为江南园林提供了范式。中国造园的专著《园冶》出自苏州松陵人（吴江同里）计成[1]之手。崇祯四年辛未（1631），计成在《自序》中称书名原作《园牧》，曹履吉改名为《园冶》。崇祯七年甲戌（1634），因依附阉党魏忠贤而被罢官回家的阮大铖刊刻此书，并为作序。计成为其好友郑元勋营造扬州影园，崇祯八年乙亥（1635），郑元勋为《园冶》题词曰：

> 古人百艺，皆传之于书，独无传造园者何？曰："园有异宜，无成法，不可得而传也。"……所谓地与人俱有异宜，善于用因，莫无否若也……今之国能，即他日之规矩，安知不与《考工记》并为脍炙乎。

陈植先生据此指出："'造园'一词，见之文献，亦以此书为最早，想造园之名，已为当日通用之名词；造园之学，已为当日研求之科学矣。"（《重印园冶序》）《园冶》提出"巧于因借，精在体宜"（《兴造论》）的造园思想，即因地制宜，善于借景，婉转布置，精巧得体。书中就相地、立基、屋宇、装折、门窗、墙垣、铺地、掇山、选石、借景一一陈述，附以图式。不过此书的命运并没有像《周礼·考工记》那样成为脍炙人口的经典，"有

---

[1] 计成（1581—?），吴江（今江苏苏州）人，明代造园家。

清三百年来，除李笠翁《闲情偶寄》有一语道及，此外未见著录"，直到近现代才相继在日本和中国受到重视。日本既有明刊本，又有钞本流传，名为《夺天工》，为近代日本造园学所推崇（阚铎《园冶识语》）。中国营造学社创办人朱启钤将家藏影写本与北平图书馆购得的残卷合为三卷，1931 年由江苏武进藏书家陶湘[①]刊入其《喜咏轩丛书》之中。营造社成员阚铎又以日本内阁文库藏安庆阮氏（即阮大铖）刻本与陶氏刊本合校，于 1932年由中国营造学社重新刊行。二十世纪六十年代，南京林业大学陈植教授撰写《园冶注释》，经杨超伯和陈从周两先生校订、校阅后，由中国建筑工业出版社正式出版（1981）。陈植先生推测"该书之所以长期湮没，历久不彰"的原因是阮大铖刊刻此书，"大铖名挂逆案，明亡，又乞降满清，向为士林所不齿。计氏虽以艺术传食朱门，然仍不免被人目为'阮氏门客'，遭人白眼，遂并其有裨世用的专著，亦同遭不幸而被屏弃"（《园冶注释序》）。陈从周先生则认为计氏并非世家望族，其书不彰的主要原因是"计成的社会地位很低，以一技游于士大夫之间"（《跋陈植教授〈园冶注释〉》）。

---

① 陶湘（1871—1939），江苏武进（今江苏常州）人，中国近代藏书家、版本目录学家。

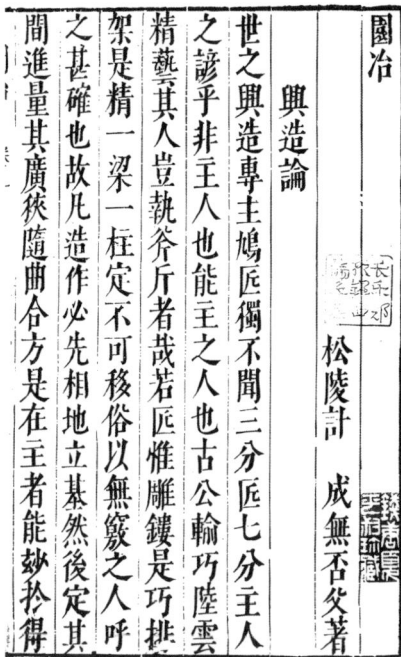

興造論

世之興造專主鳩匠獨不聞三分匠七分主人之謂乎非主人也能主之人也古公輸巧陸雲精藝其人豈執斧斤者哉若匠惟雕鏤是巧排架是精一梁一柱定不可移俗以無竅之人呼之甚確也故凡造作必先相地立基然後定其間進量其廣狹隨曲合方是在主者能妙於得

園冶

松陵計成無否父著

明刻本《园冶》书影

　　《园冶》唯论造园，而如何种植园中的花木、饲养鱼鸟，如何布置室内和庭院的场景，如何陈设书画文玩骨董，如何安排园中的饮食游赏等事，恰恰是另一位明代苏州人文震亨[①]平生关注的事，其所著《长物志》分室庐、花木、水石、禽鱼、书画、几

---

① 文震亨（1585—1645），长洲（今江苏苏州）人，明末画家、文学家。

榻、器具、衣饰、舟车、位置、蔬果、香茗十二卷。每卷有总论，再罗列名物一一描述，以期"令居之者忘老，寓之者忘归，游之者忘倦"（《长物志·室庐》）。其好友吴兴沈春泽的序中评价说：

> 予观启美是编，室庐有制，贵其爽而倩、古而洁也；花木、水石、禽鱼有经，贵其秀而远、宜而趣也；书画有目，贵其奇而逸、隽而永也；几榻有度，器具有式，位置有定，贵其精而便、简而裁、巧而自然也；衣饰有王、谢之风，舟车有武陵蜀道之想，蔬果有仙家瓜枣之味，香茗有荀令、玉川之癖，贵其幽而暗、淡而可思也。法律指归，大都游戏点缀中一往删繁去奢之意存焉。

所以，计成只是造园的工程师，文震亨才是园林中的生活艺术家。倘若计成造毕一园，没有文震亨为之经营风景，布置生活，如何能让人"日涉成趣"？这样的事措大和富儿皆不可为，必须既有富贵的出身，又要有高雅脱俗的修养，而文震亨恰恰是一位标准的贵介公子和文人雅士。他的曾祖是大书画家和文学家文徵明[①]，曾参与拙政园的营造，有《拙政园三十一景图咏》传世。他的兄长文震孟（1574—1636），字文起，熹宗天启二年（1622）

[①]　文徵明（1470—1559），长洲（今江苏苏州）人，明书画家、文学家。

状元，崇祯朝官至东阁大学士，谥文肃。顾苓①《武英殿中书舍人致仕文公行状》载文震亨放弃科举，"清言作达，选声伎，调丝竹，日游佳山水间"，曾营构碧浪园、水嬉堂、香草垞等园林。崇祯时以"琴书名达禁中"，一度召为中书舍人（《塔影园集》）。钱谦益《列朝诗集小传》称其"风姿韶秀，诗画咸有家风"。

明刻本《长物志》书影

---

① 顾苓（1609—1682？），苏州人，明末清初篆刻家、书法家。

所谓"长物"指的是多余之物，"身无长物"典出《世说新语·德行》：

> 王恭从会稽还，王大看之。见其坐六尺簟，因语恭："卿东来，故应有此物，可以一领及我。"恭无言。大去后，即举所坐者送之。既无余席，便坐荐上。后大闻之甚惊，曰："吾本谓卿多，故求耳。"对曰："丈人不悉恭，恭作人无长物。"

王恭有生活俭朴和不吝于财的美德，但更多的是旷达的襟度和脱俗的情致。《世说新语》最受明人推崇鼓吹，刊刻评点至多，盖六朝风流与明代士风多有共鸣。身处水石之间，观听鹤舞鸟语，与魏晋名士"玄对山水"（刘孝标《世说新语·容止》注引孙绰《庾亮碑》）、"支公好鹤"（《世说新语·言语》）皆有异曲同工之妙。因此《长物志》一则取《世说》之语寄寓"删繁去奢"之意，警醒人们提防"闲事长物"过于泛滥；一则又以"闲事长物"品人观韵，"寄我之慷慨不平，非有真韵、真才与真情以胜之，其调弗同也"（沈春泽《长物志序》）。

何为理想的园林主人，《长物志》虽未明言，但其中"贞夫韵士"（卷十二《香茗》）四字最可概言。能够经营、欣赏"长物"的韵士不乏其人，而能够成仁取义，抛舍"长物"的贞夫最为难得，文震亨与其兄震孟皆可当之。天启二年（1622），文震孟因弹劾魏忠贤受廷杖革职还乡。天启六年（1626），阉党在苏州逮捕东林党人，激起民变，文震亨与杨廷枢等生员参与抗争（见明陈建辑《皇明通纪辑要》卷五十七），市民首领颜佩韦等五人英勇就义。崇祯即位后，文震孟等"郡之贤士大夫请于当道，即除魏阉废祠之址以葬之；且立石于其墓之门，以旌其所为"（张溥《五人墓碑记》）。南明弘光元年五月，南京陷落，六月，清兵略地至苏州，文震亨"呕血数日卒"（顾苓《文公行状》）。一说"国变后投水死"，乾隆赐谥"节愍"（清陈田《明诗纪事》）。

《长物志》有明刻本，诸多名流为之审阅定稿，末卷为文震孟审定。英国牛津大学艺术史教授柯律格（Craig Clunas）所著《长物：早期现代中国的物质文化与社会状况》（高昕丹、陈恒译，洪再新校，生活·读书·新知三联书店 2019 年版）考证其书"最有可能完成于 1610 年代后期，即万历朝的衰落期，正值文震亨三十挂零的年纪"。如此则《长物志》早于《园冶》成书。《四库全书》收入"子部杂家类"。晚清民国刊刻不断，流行甚广。陈植先生完成《园冶注释》之后，于 1965 年又作《长物志校注》，仍经杨超伯先生校订，1984 年由江苏科学技术出版社出版。

书画可以论世

2023 年 6 月 12 日，现代艺术巨匠傅抱石先生创作并自题的《云台山图长卷（水墨）》在中国嘉德春季拍卖会上以 9200 万成交。这幅深藏 81 年的巨制露出了她的神光异彩，不过，和她一样精彩的还有关于她的故事和文字。

2023 年嘉德春季拍卖的《云台山图长卷（水墨）》及卷后诸题跋

《云台山图长卷》的创作原委，傅抱石在《晋顾恺之〈画云台山记〉之研究》一文中作了详细的叙述。此文作于 1940 年，分两次刊于当年《时事新报》重庆版副刊《学灯》(117期、124期，收入叶宗镐选编《傅抱石美术文集》)。1933年12月，傅抱石留学日本东京帝国美术学校研究部时，日本东方文化学院京都研究所刊出研究员伊势专一郎的专著《自顾恺之至荆浩——支那山水画史》，从东晋顾恺之开始讨论中国的山水画史，受到其导师、日本"支那学"巨擘内藤湖南的赞许，题诗四首于书前。但是傅抱石发现伊势氏并没有读懂《画云台山记》的文字。

顾恺之的三篇画论《论画》《魏晋胜流画赞》《画云台山记》均收录在唐代张彦远《历代名画记》(卷五)之中，"可谓我国论画成篇文字之最古者"(沈子丞《历代论画名著汇编》)。但张彦远特别指出，这些文字"自古相传脱错，未得妙本勘校"。因此，伊势氏的错误激发了傅抱石重新解读五百六十二字的《画云台山记》，他惊奇地发现，这居然不是顾恺之为自己画的云台山图写作的后记，而是为创作云台山图写的构思方案，由此考见了古代山水画家的创作程序。

其实，《画云台山记》的题材是天师道祖师张道陵和弟子王长、赵升在四川苍溪云台山修道的故事。《记》中有一段设计天师授道场景的文字，特别值得我们推究。傅抱石将这段文字读作：

> 画丹崖，临硐上，当使赫巇隆崇，画险绝之势。天师坐其上，合所坐石及荫，宜硐中桃傍生石间。画天师，瘦形而神气远，据硐指桃，回面谓弟子。弟子中，有二人临下，

到（倒）身大怖，流汗失色。作王良，穆然坐，答问。而超（赵）升神爽精诣，俯盼桃树。又别作王赵趋，一人隐西壁倾，岩余见衣裾；一人全见，室中使清妙冷然。

伊势氏将"弟子中"至"神爽精诣"读为："弟子中有二人。临下到。身大怖。流汗失色。作王良，穆然坐。答问而超升。神爽精诣。俯盼桃树。又别作王赵趋，一人隐西壁倾岩，余见衣裾；一人全见室中，使轻妙冷然。"他认为画中只有天师与他的两个弟子，一个叫"王良"，一个叫"王赵趋"。傅抱石指出其断句错误在于不知"到"字通"倒"字，而且不知道这个画面的故事来源。傅抱石在日本撰写《论顾恺之至荆浩之山水画史问题》一文时，就认为"超升"可能是"赵升"的误写。此文中译本刊于《东方杂志》(1935年，商务印书馆)，傅抱石在《附记》中说郭沫若曾疑"超升"是"造父"的衍误，因为王良与造父都是古代的善御者，但他并不满意郭说。1939年，他在明代冯梦龙的小说《喻世明言》中发现了一篇《张道陵七试赵升》，终于解决了问题。画面上应该有五个人，王良侍天师坐于岩壁之顶，天师指着礀下的桃树，而赵升身临绝壁，下视礀下。另有两个弟子在岩壁之下，恐惧失态。《记》中又说要画一个王良、赵升从宫室中趋出的画面，一人全部画出，一人隐于岩壁，仅见衣裾，让室中"清妙冷然"。

傅抱石《云台山图长卷》中"据碉指桃"画面

傅抱石《云台山图长卷》中"别作王赵趋"画面

　　充实之谓美

不过，傅抱石的释读仍有未尽之处。《记》中的"王良"应该是"王长"的误写。顾恺之与冯梦龙差逾千年，但他们都有一个共同的故事来源。这就是东晋葛洪的《神仙传》。隋唐时书已亡佚，明代有毛晋辑本（收入《四库全书》）和《汉魏丛书》辑本，张道陵七试赵升之事见诸后者，抄自北宋《太平广记》卷八所引的《神仙传》。大意为张道陵以七种方法考验弟子是否可以传授道术。第七试时，张天师带领诸弟子"登云台绝岩之上"，指着下面一颗桃树说，谁能下去取来桃子，就传谁道术。弟子们皆恐惧惊怖，只有赵升笃遵师命，从岩上跳至树上，取桃后从岩下抛上。天师和弟子们分食之后，伸臂长达三两丈，接引赵升上来。又说，我也要跳下去摘桃。弟子们皆劝阻，而王长和赵升却不说话。天师纵身坠下，不见踪影。弟子们悲痛之际，王长、赵升相顾说道：师父坠崖，我们怎能心安？两人一起跳下，正坠于天师面前。天师便将道术传给他们。此事亦见北宋《太平寰宇记》卷八十六"苍溪县云台山"条，中引《周地图》云："汉末张道陵在此学道，使弟子王长、赵升，投身绝壑，以取仙桃。长等七试已讫，九丹遂成，随陵白日升天。"

中国传统画论受到张彦远的影响，多主张山水画起于唐代"二李"（李思训、李昭道父子）。现代美术史家如陈师曾《中国绘画史》也认为，尽管老庄之学与南方山水之美可以启发山水画之思想，但六朝之时"山水画尚未能独立，大抵皆为人物画之背景"。现代中、日美术史界也有人主张起于六朝，但对是否起于东晋难下结论。傅抱石则从《画云台山记》的研究入手，论证了中国山水画独立于东晋时代，指出：尽管中国绘画在魏晋之交已明显受到西域与佛教的影响，但东晋山水画的兴起，表明"在汉代可以看作绘画上主要倾向的道家思想，并未曾示弱于外来的影响，仍继续有不少的群众，而且全是士大夫阶级"。

傅抱石释读之后，意犹未尽。1941 年，他根据自己的理解，用墨笔创作了《画云台山记》的设计图，再据此先后创作了两幅《云台山图长卷》，一为设色，一为水墨。1942 年在重庆展出。设计图于 2015 年拍卖，设色卷于 1979 年由其夫人罗时慧捐赠南京博物院收藏（万新华《学术与绘画的互动——傅抱石〈画云台山记图〉卷探究》，《中国书画》2016 年第 7 期）。傅抱石似乎对水墨卷更为中意，将郭沫若、徐悲鸿的题诗，沈尹默、胡小石的题跋悉裱于卷后。其中郭、徐、胡三人的题跋曾刊于《京沪周刊》第一卷第四十一期（1947 年）。

应该说，最具文化史视野的当数胡小石先生的跋文，这篇精美的书法文字失收于《胡小石论文集续编》(上海古籍出版社1991 年版）中的《愿夏庐题跋初辑》《续辑》，其曰：

> 吾尝谓文学与书画，每代同变。正始以降，玄风大张，士大夫崇美自然。嗣宗、叔夜，遂启登临之兴。过江而后，

《京沪周刊》第一卷第四十一期，1947 年

浸以成俗，模山范水之篇什，一时特盛。兴公《天台》，右军《临河》，谢女《登山》，诸道人《石门》，以迄渊明、康乐，其尤著者也。书人操翰，若羲、献父子，乃舍分而攻草。草者，刍狗万物，冯冯翼翼，超形存像，玄风之标也。其在画家，则有顾长康。鼎彝文镂，控抟飞走。汉画率取资人事，今日所遗诸石刻可证之。至长康乃始藻缋山川，遂为

中土山水画之祖。观《女史箴》中射雉之景，单椒孤秀，犹足想见其大略。《画云台山记》首论岩壑结构，文字讹敚难读。抱石再四校之，更揣其意为图。抱石忍穷饿以治艺事，用力至勤。此卷望古遥集，含豪邈然，其笔墨嵯峨萧瑟处，大类明季诸贤。书画可以论世，固不能不令人深致屏营耳。壬午五月沙坪讲舍记，光炜。

胡小石（光炜）1942年跋

跋中将魏晋文学艺术的变革视作一个时代的文化现象，那就是思想上"玄风大张"，情趣上"崇美自然"。阮籍（嗣宗）、嵇康（叔夜）等竹林名士开启了登临山水的兴致；南渡后山水文学兴起。如孙绰（兴公）的《游天台山赋》、王羲之（右军）的《兰亭集序》(《临河序》)、女诗人谢道韫（谢女）的《登山诗》、慧远等诸道人的《游石门诗》，而陶潜（渊明）、谢灵运（康乐）是其中成就卓著者。胡小石不仅是文学史家，也是书学史家，所以他将二王草书作为脱离分书字体，转向玄学抽象审美的代表。由文学、书法论及绘画，他仍有历史的观察，认为上古钟鼎图案中镂刻鸟兽（飞走）之纹；汉代图画，如遗存的画像石，又进而表现人物，所谓的"取资人事"（按，手迹上作"取人资人事"，但于前一"人"旁加三点删字符，《京沪周刊》及相关研究论文引用时多失校）；而顾恺之（长康）描绘山川，又开辟了新的传统。他举了一个顾恺之山水画的实物，即《女史箴图》中的射雉图景，画有一座山峰，山顶为椒，所以虽是"单椒孤秀"，也足可令人想见大概。

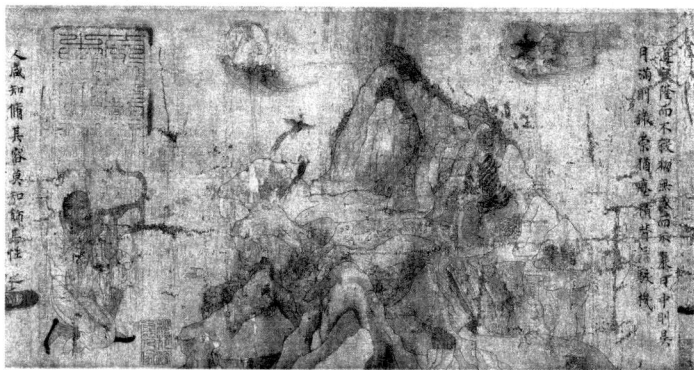

顾恺之《女史箴图》唐人绢摹本局部"射雉图"，
1860年英法联军从圆明园盗出，现藏大英博物馆

顾恺之《女史箴图》宋白描摹本局部"射雉图"，现藏故宫博物院

书画与时代的关系令人感慨彷徨，胡小石所云"书画可以论世，固不能不令人深致屏营"一语颇多寓意。东晋南渡的衣冠们，虽然钟情山水，但也感伤"山河之异"，"有《黍离》之痛"（《世说新语·言语》），而傅抱石等西迁的大学教授们同样处在"国破山河在"的时代。傅抱石研究《画云台山记》，创作《云台山图长卷》之时，"正是日本帝国主义者向我大后方和平居民疯狂地进行空中屠杀的时候，所以大部分读者的来信是鼓励我继续努力把中国古代山水画史的轮廓建立起来"（傅抱石《中国古代山水画史的研究·后记》）。沈尹默先生的跋语也主张："整理国故，要是吾辈自身事，不当委诸异邦人。"固然，学术研究并非某一民族的专利，但他们在民族存亡之际的文化抗争，表达了中国学者强烈的文化使命意识。

上座欲点哪个心

　　曾经有人问我什么是最接地气的文化传播方法，我不假思索地回答："吃！"两千多年前，告子就对孟子说："食、色，性也。"清代学者焦循的《孟子正义》解释道："饮食男女，人之大欲存焉。欲在是，性即在是。"但是人与禽兽不同，"人知饮食男女，圣人教之，则知有耕凿之宜，嫁娶之宜"。因此，饮食男女不仅是人的自然本性，而且其中的宜（义）属于人类的文化。不过在中国古代，这两种文化有着很大的区别，借用《礼记·中庸》开头一句"天命之谓性，率性之谓道，修道之谓教"，对于食、色二性，前者可以"率性"，后者必须"修道"。饮食是个人的事，可以尽量满足，也可以对外张扬；而男女是两个人的事，就要有礼法和道德规范了。所以"食不厌精，脍不厌细"的孔子却主张"贤贤易色"，又感叹"吾未见好德如好色者也"。即便要表达对美人的赞叹之情，也要带上吃来说。西晋诗人陆机[1]的《日出东南隅行》描写美女："鲜肤一何润，秀色若可餐。"总之，吃的文化不仅是最通人性的文化，也是被传统道德宽容的文化，所以就成了中国文学中雅俗共赏的题材和佳话。

吃有大餐，也有小食，和我们所说的"小吃"接近，是区别于正餐饭菜的食物。文化也会赋予食物别致的名称，有时在字面上还看不出是食物。比如我的老家扬州将豆腐皮叫作"百叶"，方言读出来还是入声，很拗口。到南京上大学时才知道南京人叫"千张"，后来又知道安徽人也叫"千张"，读起来很响亮。南京三面都和安徽接壤，由此可知南京文化的底色是安徽的。纸张和钱钞皆可以张计算，但只有书才能以叶（页）计算，"百叶"虽没有"千张"来得有气势，但更雅致。至于"小食"，到了唐宋时代有了一个非常可爱的名称叫作"点心"。

清代赵翼《陔余丛考》有"点心"一条：

> 世俗以小食为点心，不知所始。按吴曾《能改斋漫录》云：唐郑傪为江淮留后，家人备夫人晨馔。夫人顾其弟曰："治妆未毕，我未及餐，尔且可点心。"其弟举瓯已罄。俄而女仆请饭库钥匙，备夫人点心。傪诟曰："适已点心，今何得又请。"是唐时已有此语也。亦见《辍耕录》。又《癸辛杂

---

① 陆机（261—303），吴县（今江苏苏州）人，西晋文学家。

识》记南宋赵温叔丞相善啖，阜陵（孝宗）闻之曰："朕欲作小点心相请。"

《能改斋漫录》是南宋官僚吴曾的笔记。郑僖的夫人是个"扶弟魔"，把自己的早点给弟弟吃了，又向丈夫要一份。姐弟俩的对话透露了"点心"一词起于唐代。许多谈论点心的文章都追溯到这个记载，比如周作人《南北的点心》。郑僖是唐宪宗元和年间宰相权德舆的门生，见载于晚唐五代刘崇远的《金华子杂编》。江淮留后是管理江淮盐铁和漕运的佐官，而《能改斋漫录》所载郑僖事，也改写自《金华子杂编》，其中说郑僖富得"金帛山叠"却"性鄙啬"。厨房每天早上将饭做好，他就锁在库房里，按时按量供应，管得很严。夫人的早餐被小舅子吃了，不得已只好再供应一份，还抱怨说："怎么人家夫人娘子，吃得如许多饭食？"《癸辛杂识》是南宋词人周密的笔记，其中记载宋宁宗的丞相赵汝愚（字温叔）形体魁梧，饭量是常人的好几倍。他在宁宗的爷爷孝宗朝担任集贤殿修纂官。一次丞相史浩进贡给孝宗一只能盛三升酒的玉海，孝宗便召赵汝愚到便殿，说知道你很能吃，我想做些小点心请你，怎么样？于是让宦官以玉海端酒，赵汝愚一饮六七杯；又上了一百只笼蒸的点心，赵汝愚在皇上面前拘谨起来，只吃了一半。孝宗笑道："卿可尽之。"于是他一扫而光，"上为之一笑"。

江西俚俗罵人有曰客作兒按陳從易寄與盛參政詩云櫻桃真小子龍眼是凡姿橄欖爲下輩枇杷作兒盛問其說云櫻桃味酸小子也龍眼無文采凡姿也橄欖初澀後甘下輩也枇杷核大肉少客作兒也凡言客作兒者僶夫也

罷休

吳人言罷則以休繼之古如是也吳王閩閣語孫武曰將軍罷休

點心

世俗例以早晨小食爲點心自唐時已有此語按唐鄭傪爲江淮留後家人備夫人晨饌夫人顧其弟曰治妝未畢我未及餐爾且可點心其弟舉甌已罄俄而女僕請飯庫鑰匙備

清道光二十四年"守山閣叢書"本《能改齋漫錄》書影

还有一个故事也常常被人用来证明点心起于唐代。北宋释克勤编纂的禅宗文献《碧岩录》记载，唐代禅宗大师德山宣鉴原来在西蜀讲《金刚经》，阐说由定入智的学佛方法。后来听说南方禅宗居然主张"即心是佛"，岂非不要修行了？他心中愤怒，便背上自己的讲义《金刚经疏钞》，前往南方与禅宗"魔子辈"辩个高下：

充实之谓美

初到澧州，路上见一婆子卖油糍，却放下《疏钞》，且买点心吃。婆云："所载者是什么？"德山云："《金刚经疏钞》。"婆云："我有一问，尔若答得，布施油糍作点心。若答不得，别处买去！"德山云："但问。"婆云："《金刚经》云：'过去心不可得，现在心不可得，未来心不可得。'上座欲点那个心？"山无语。

此事又见于南宋释普济编纂的《五灯会元》。婆子其实是个参禅的高手，她已经明白禅宗"不立文字，直指人心"的道理，所以她将"点心"和《金刚经》里的"心"莫名其妙地联系起来，启发德山明白词语只不过是个约定俗成的语言符号而已，并不等同于它所指代的对象和意义，因此佛法应在日常生活中体悟而不是在佛经文字里寻求。德山被问住了，婆子便指点他去参拜龙潭大师。他顿悟后将自己的讲义付之一炬。

"点心"的原意可能指吃些小食，点补一下心腹之饥的意思。从《能改斋漫录》所载郑修夫人所云"尔且可点心"一语，可知"点"字也作动词使用。这样的例子还有。比如北宋《太平御览》引《河东记》，说唐代汴州西板桥店的店员三娘子，每天早晨"先起点灯，置新作烧饼于食床上，与客点心"。又如南宋初庄绰《鸡肋编》载宋徽宗时楚州（今江苏淮安）有个姓孙的卖鱼人，能预知祸福吉凶。宣和年间召入皇家宝箓宫道院做道士。某日他怀揣一块蒸饼，坐在小殿之中。过了一会，徽宗来道院的各个殿堂烧完香后，到小殿里休息。由于跪拜劳累，徽宗说有点饿了，孙卖鱼立即呈上怀中的蒸饼，说："可以点心。"徽宗很惊讶，但不肯接受。孙卖鱼说："以后连这个都难吃到了！"直到第二年徽宗做了金人的俘虏，才明白这句话的意思。明人也保留了动词的用法，冯梦龙《古今谭概》中有一个许孝廉到妻子家拜寿，刚坐下就喊饿。岳母说，菜还没熟，厨房里有"冷结面"，稍加些盐和醋，"或可点心"。

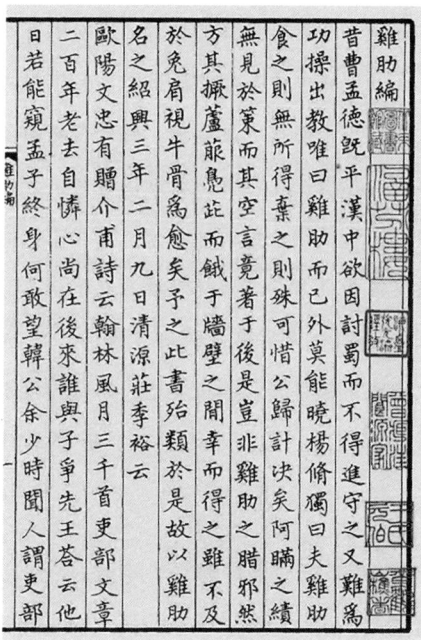

清初影抄元钞本《鸡肋编》书影

充实之谓美

点心不仅好吃，而且品种丰富。清代李斗写了一本著名的城市历史文化著作《扬州画舫录》，其中有一段叙述茶肆点心的精彩文字：

> 吾乡茶肆，甲于天下，多有以此为业者，出金建造花园，或鬻故家大宅废园为之。楼台亭舍，花木竹石，杯盘匙箸，无不精美。辕门桥有二梅轩、蕙芳轩、集芳轩；教场有腕腋生香、文兰天香；埂子上有丰乐园，小东门有品陆轩，广储门有雨莲，琼花观巷有文杏园，万家园有四宜轩，花园巷有小方壶，皆城中荤茶肆之最盛者。天宁门之天福居，西门之绿天居，又素茶肆之最盛者。城外占湖山之胜，双虹楼为最，其点心各据一方之盛。双虹楼烧饼，开风气之先，有糖馅、肉馅、干菜馅、苋菜馅之分；宜兴丁四官开蕙芳、集芳，以糟窖馒头得名，二梅轩以灌汤包子得名，雨莲以春饼得名，文杏园以稍麦得名，谓之鬼蓬头，品陆轩以淮饺得名，小方壶以菜饺得名，各极其盛。而城内外小茶肆或为油镟饼，或为甑儿糕，或为松毛包子，茆檐荜门，每旦络绎不绝。

《画舫录》记叙的是乾隆时期最为繁华的扬州，所以给扬州留下了丰厚的美食遗产。至今扬州的早茶和面点仍是闻名天下，其中不难寻觅过去的风貌。比如茶肆设在花园之中，多以花草为店名，现在扬州有名的茶社名称也多带"春"字，如富春、冶春、熙春、共和春。南京大学文学院的前辈，扬州吴家花园的公子、著名戏曲家吴白匋先生写过《我所知道的富春茶社》一文，开头便说："富春本来不是茶馆，是个'花局'，专门培养各种花卉和制作盆景。"

《扬州画舫录》书影

充实之谓美

至于《画舫录》中提到的点心，现在也变着花样在扬州街市上飘香。烧饼有草炉烧饼，多不包馅。小时候在外公家，巷子口有个烧饼油条店，可以加些钱让伙计在饼里多擦些油酥，最好夹着油条吃。扬州人喜吃开花馒头，面里加了绵白糖、猪油丁和红绿蜜饯丝蒸成"花开三瓣"，洁白松软。与之仿佛的甜点是千层油糕，用猪油白糖加之面皮，卷叠多层，撒上红绿丝蒸好后，再切成菱形，晶莹如玉。春饼可能是春卷。北方人做春卷，将熟菜包在里面，汁水会透出面皮，稍稍在油里煎一下，就是个薄皮煎饺而已。我母亲做春卷，以生肉和韭黄拌馅，卷入薄薄的春卷皮下油锅里滚炸成金黄色，再蘸着醋吃，吃完喝碗白粥清清口。稍麦就是烧卖，样子像个蓬头鬼。扬州的烧卖有以葱油肉丁为馅的江米烧卖、猪肉虾仁为馅的虾仁烧卖，还有用青菜、荠菜、猪油、白糖为馅的翡翠烧卖。菜饺可能是蒸饺。扬州过去有一种白菜饺子，里面包的还是猪肉，只是用青菜汁拌的绿面皮与白面皮叠压包成白菜形的饺子，上笼蒸出来，有点像台北"故宫博物院"里那棵翡翠白菜。淮饺可能是馄饨。扬州有共和春、蒋家桥等饺面店，并不卖水饺，而是虾籽酱油汤的小肉馄饨，可以和阳春面一起下，叫作饺面，外号"龙虎斗"。油镟饼是在铁板锅上制作的葱油饼，与扬州人说的火烧仿佛。灌汤包子就是汤包了，以蟹黄汤包最知名。至于"城内外小茶肆"的松毛包子，反成了当今扬州早茶业"包打天下"的主角，其馅料之丰美，据吴白匋先生说可达三十多种。松毛指的是用松针做笼屉蒸垫，可惜已不多见了。

扬州冶春茶社

　　如果你是到扬州吃早茶的生客，就应了那个婆子的话："上座欲点那个心?"如果你也和德山禅师一样不知所措，建议你买一笼"杂色"：四甜，即千层油糕、翡翠烧卖、青菜包、细沙包；四咸，即蟹黄包、三丁包、干菜包、萝卜丝包——将所有的心都点上一遍。

　　　　　　充实之谓美

甲辰画龙

　　本世纪的纪元 2000 年是个龙年，进入 2024 年，已经是第三个龙年了，难怪"龖"字流行了起来。南朝梁代太学博士顾野王[①]编的字典《玉篇》中出现了这个字，释为："音沓。龙行龖龖也。"

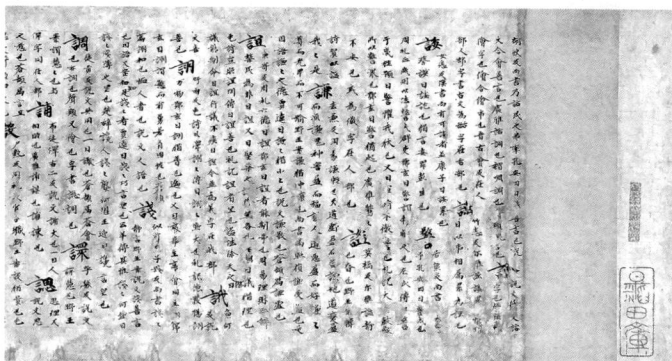

日本早稻田大学藏唐钞本《玉篇》残卷书影，
残卷共四段，皆分藏于日本，被定为日本国宝

---

① 　顾野王（约 519—581），吴县（今江苏苏州）人，南朝梁陈间文字训诂学家。

2024 年的干支为甲辰，辰年的生肖是龙。1975 年湖北云梦睡虎地出土《秦简》和 1986 年甘肃天水放马滩出土《秦简》中，有一类占卜用的《日书》，当中有侦测盗贼的《亡盗》《盗者》，已经将十二辰配合了十二生肖，还有用十天干标志姓名的内容。李零先生《中国方术考》认为这些十二生肖与天干相配标志生日，是用来推测盗贼姓名的（《十二生肖的起源》）。估计那时侦测盗贼，和昆曲《十五贯》里苏州知府况钟装成测字先生给逃犯娄阿鼠算命差不多。这两种《秦简》都是战国晚期的，放马滩的配法和我们现在一样：子鼠、丑牛、寅虎、卯兔、辰龙、巳虫（蛇）、午马、未羊、申猴、酉鸡、戌犬、亥豕。睡虎地的则以午为鹿、未为马、申为猿、酉为隹（隼）、戌为老羊。睡虎地是秦人征服的楚地，而放马滩是秦人的故地，楚人与秦人当然会有差异，所以赵高便在秦二世面前"指鹿为马"了。等到秦统一中国，这些配置也就统一了，汉承秦制，依而不改，流传至今。不过从人类学的角度看，人类没有发明抽象符号或数字之前，他们只能用不同的事物标记其他不同的事物。《左传》昭公十七年秋，小国君主郯子来鲁国，讲了一大通远古氏族用云、火、水、龙、鸟纪事命官的事情，此时孔子二十八岁，听说后便去向郯子讨教。所以，应该先有用动物标识时间的做法，所谓的"猴年马月"，后来有了抽象的天干地支，古人仍然保留了传统，将这些动物作为文化符号用于占卜数术或日常生活。

　　　　充实之谓美

十二生肖中，龙是唯一的人造动物，就好比我们为运动会设计的吉祥物一样，是观念的形象化。尽管新石器时代的遗址中就出土了龙的形象，比如河南濮阳仰韶文化中用蚌壳堆塑的龙、红山文化中的玉龙，但由于没有见过真龙，因此人们可以很方便地赋予龙不同的象征意义，使之成为中华文化的一个长期使用的公共概念和象征符号。但也正因为龙的概念太抽象，外延虽大而内涵很少，所以如何表现它的形象，仍是仁者见仁、智者见智的事。《淮南子》是汉武帝的叔叔淮南王刘安"招致宾客方术之士数千人"编纂的知识大百科，其《要略》有言曰："今画龙首，观者不知其何兽也，具其形，则不疑矣。"说明人们只对龙的体形有共识，但龙头的样子还不确定。东汉王充《论衡·龙虚篇》曰："世俗画龙之象，马首蛇尾。"说明龙的形象是组装凑合的。

　　即便如此，中国美术史上还是出现了许多画龙的高手，留下许多画龙的传奇。东晋王嘉《拾遗记》说秦始皇元年，"骞霄国献刻玉善画工名裔，使含丹青以漱地，即成魑魅及诡怪群物之象……又画为龙凤，骞翥如飞，皆不可点睛，或点之，必飞走也"。唐宣宗时张彦远《历代名画记》说东吴画家曹不兴有一次在建业（今南京）城外青溪之中见到赤龙游出水上，便画出来献给吴主孙皓，藏于秘府。后来南朝宋代的画家陆探微见此画，"叹其妙，因取不兴龙置水上，应时蓄水成雾，累日霶霈"。齐梁时的画家谢赫也看见过此画，其《古画品录》曰："不兴之迹，殆莫复传。唯秘阁之内一龙而已，观其风骨，名岂虚成！"不过曹不兴的龙只能蓄水成雾，而梁代画家张僧繇能画真龙，所以他看不上曹不兴画的龙。《历代名画记》记载了他"画龙点睛"和"真龙破壁"的传说：

> 张僧繇，吴中人也。天监中，为武陵王国侍郎，直秘阁，知画事，历右军将军、吴兴太守……金陵安乐寺四白龙，不点眼睛。每云："点睛即飞去。"人以为妄诞，固请点之。须臾，雷电破壁，两龙乘云，腾去上天；二龙未点睛者见在。初，吴曹不兴图青溪龙，僧繇见而鄙之，乃广其像于武帝龙泉亭。其画草留在秘阁，时未之重。至太清中，雷震龙泉亭，遂失其壁，方知神妙。

此外，元明间人刘绩所作《霏雪录》曰："（绍兴）禹庙梅梁，乃大梅山所产梅树也……张僧繇图龙其上。夜大风雨，尝飞入镜湖与龙斗。人见梁上水淋漓湿，萍藻满焉，始骇异之，乃以铁索锁于柱。"

唐代的画龙高手当数冯绍正。唐宣宗时郑处诲《明皇杂录》曰：

> 唐开元中，关辅大旱，京师阙雨尤甚，巫命大臣遍祷于山泽间，而无感应。上于龙池新创一殿，因召少府监冯绍正，

令于四壁各画一龙。绍正乃先于西壁画素龙，奇状蜿蜒，如欲振跃。绘事未半，若风雨随笔而生。上及从官于壁下观之，鳞甲皆湿。设色未终，有白气若帘庑间出，入于池中，波涌涛汹，雷电随起。侍御数百人皆见白龙自波际乘云气而上，俄顷，阴雨四布，风雨暴作，不终日而甘霖遍于畿内。

此事亦收入唐武宗时吴郡人朱景玄所撰《唐朝名画录》。

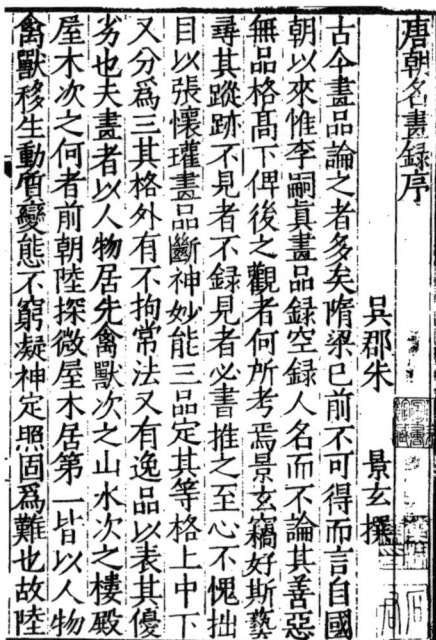

唐朝名畫錄序

吳郡朱 景玄撰

古今畫品論之者多矣隋梁巳前不可得而言自國朝以來惟李嗣真畫品錄空錄人名而不論其善惡無品格高下俾後之觀者何所考焉景玄竊好斯藝尋其蹤跡不見者不錄見者必書推之至心不愧拙目以張懷瓘畫品斷神妙能三品定其等格上中下又分為三其格外有不拘常法又有逸品以表其優劣也夫畫者以人物居先禽獸次之山水次之樓殿屋木次之何者前朝陸探微屋木居第一皆以人物禽獸移生動質變態不窮凝神定照固為難也故陸

明刻本《唐朝名画录》书影

晚唐五代西蜀大画家黄筌也善画龙，苏东坡晚年曾请朋友钱济明来家中观画，曰："家有黄筌画龙，拔起两山间，阴威凛然。旧作郡时，常以祈雨有应，今夕具香烛试祷之。"(《与钱济明书》) 钱济明是常州人，号冰华居士，苏东坡在常州弥留之际，就是由他陪伴着的。

宋朝最大的画家当数宋徽宗，作为真龙天子，他也会画龙。清代学者钱大昕[1]作《宋徽宗画龙歌》曰："画龙古今谁妙手，前有僧繇后所翁。宣和道君亦能事，游戏落笔倖神工。"自注称徽宗画龙，自题云："兴天上云，汲长江水，济四海民，落天下雨。"钱氏诗中提到的"所翁"，是宋代的画龙高手、南宋理宗时的福建人陈容（所翁）。他画的龙为后世所重，题咏亦多，现今仍有二十多幅分藏于海内外。元代大儒吴澄《赠西麓李云祥序》曰："前辈言陈所翁默坐潜思时，疑与神物冥会于混茫之间，或醉余意到，忽然挥洒，虽在墙壁绢素之上，如见龙飞跃，盖得龙之真也。"

宋代还有真龙现身让画家写生的传说。南宋范成大[2]撰有笔记《吴船录》(今有《范成大笔记六种》刊本)，其中写他游四川青城山长生观，曰：

---

① 钱大昕（1728—1804），江苏嘉定（今属上海）人，清代学者。
② 范成大（1126—1193），吴县（今江苏苏州）人，南宋诗人。

陈容绢本《云龙图》，现藏广东省博物馆

长生观，范长生得道处也。有孙太古画龙虎二君在殿外两壁上，笔势挥扫，云烟飞动，盖孙笔之尤奇者。殿壁又有孙画《味江龙》一堵。相传孙欲画龙而不知其真。有丈夫过，云："君欲识真龙乎？"忽变而天矫。孙谛视，画得之，视稍久，一目遂眚，即此画也。旧壁，宣和间取入京师。临行，道士募名笔摹于新壁，今所存者，摹本也。

孙太古名知微，北宋郭若虚《图画见闻志》说他是"眉阳人，精黄老学，善佛道画"。

元明之际的道教天师张与材以画龙名世，据明王绂[1]《书画传习录》记载，至正二十年（1360），元顺帝请他画龙，天师说没到时候。至正二十三年七月畿辅大旱，顺帝召天师画龙降雨，天师说此时应该降下真龙。于是顺帝大集群臣，天师焚香画符，焚于空中，信手泼墨，"浓云四起，俄而云际鼎湖（龙）下垂，髯飘飘长数十百丈，依约萦绕双阙。帝与近臣凭栏谛观，忽见黑云中鳞爪之形，而有神龙掉尾而跃"，"是夕大雨，四野沾足"。可惜明清以后，画龙的传奇就不多见了。

总之，古人的画龙传奇，寄托着"兴云降雨，惠泽天下"的祈求。而能实现美好愿望的当然是人类自己，特别是那些以苍生为念的仁人君子们，这些龙其实都是他们的象征。《周易·乾

---

① 王绂（1362—1416），江苏无锡人，明代画家。

　　　　充实之谓美

卦·文言》中，孔子就称赞龙的品德为"德博而化"的"君德"。吴澄的学生、诗人虞集看到陈所翁画的龙，便写下了这样的题跋（《道园学古录》卷十一《所翁龙跋》）：

> 右二龙，陈所翁自题云："六合县斋所作也。"士君子受民社之寄，岂以弄戏翰墨为能事哉？其必有托兴者矣！吾闻君子之治乎斯民也，作而新之，如震斯惊；时而化之，如泽斯溥。于以致雷雨满盈之功，于以成天地变化之造，是故勇以发至仁之心，诚以通至神之迹，则善体物者矣。欲观龙之所以为灵，陈侯之所以妙，试（原作"识"，据元刘沙剌班编《道园类稿》卷三十三《题陈所翁龙》改）以此求之也乎？

在虞集看来，所翁画龙是仁政理想的寄托。然而真龙往往难为世人所识，所以孔子又主张君子具备潜龙之德，"遁世而无闷，不见是则无闷"（《文言》）。西汉刘向《新序·杂事五》曰：

> 子张见鲁哀公，七日而哀公不礼，托仆夫而去，曰："臣闻君好士，故不远千里之外，犯霜露，冒尘垢，百舍重趼（茧），不敢休息以见君。七日而君不礼，君之好士也，有似叶公子高之好龙也。叶公子高好龙，钩以写龙，凿以写龙，屋室雕文尽以写龙。于是夫龙闻而下之，窥头于牖，施

尾于堂。叶公见之，弃而还走，失其魂魄，五色无主。是叶公非好龙也，好夫似龙而非龙者也。今臣闻君好士，故不远千里之外以见君。七日不礼，君非好士也，好夫似士而非士者也。《诗》曰：'中心藏之，何日忘之？'敢托而去。"

宋刻本《新序》书影

子张是孔子的学生，名颛孙师，陈国人，曾从孔子周游列国。叶公是楚国叶县的长官，唐代陆德明《经典释文》说他"姓沈，名诸梁，字子高"。《论语·子路》中记载他向孔子夸耀"吾党有直躬者"之事；《庄子·人间世》和《史记·孔子世家》都记载他问政于孔子。所以子张应该是见过叶公的人。子张见鲁哀公时，孔子可能已经逝世，不然孔子可以推荐他。他讲叶公的事讽刺鲁哀公不好士，可惜后人读此故事时，往往买椟还珠，只关注"叶公好龙"的荒悖，忽略了子张以真龙比喻贤士的用心。

图书在版编目（CIP）数据

书话文脉 / 徐兴无著. -- 南京：凤凰出版社，
2025. 1. -- ISBN 978-7-5506-4325-3

Ⅰ. K203

中国国家版本馆CIP数据核字第2024UZ9476号

书　　　　名	书话文脉	
著　　　　者	徐兴无	
责 任 编 辑	孟　清	
书 籍 设 计	姜　嵩	
责 任 监 制	程明娇	
出 版 发 行	凤凰出版社(原江苏古籍出版社)	
	发行部电话025-83223462	
出版社地址	江苏省南京市中央路165号,邮编:210009	
照　　　　排	南京凯建文化发展有限公司	
印　　　　刷	徐州绪权印刷有限公司	
	江苏省徐州市高新技术产业开发区第三工业园经纬路16号	
开　　　　本	787毫米×1092毫米　1/32	
印　　　　张	8	
字　　　　数	151千字	
版　　　　次	2025年1月第1版	
印　　　　次	2025年1月第1次印刷	
标 准 书 号	ISBN 978-7-5506-4325-3	
定　　　　价	48.00元	

(本书凡印装错误可向承印厂调换,电话:0516-83897699)